中国优秀女子水球运动员培养效果评价及影响因素研究

曾 静◎著

人民体育出版社

图书在版编目（CIP）数据

中国优秀女子水球运动员培养效果评价及影响因素研究 / 曾静著. -- 北京：人民体育出版社，2025（2025.6重印）.
ISBN 978-7-5009-6499-5

Ⅰ. G861.3

中国国家版本馆CIP数据核字第2024DC6193号

中国优秀女子水球运动员培养效果评价及影响因素研究

曾　静　著
出版发行：人民体育出版社
印　　装：北京建宏印刷有限公司

开　本：710×1000　16开本　　印　张：9.75　　字　数：182千字
版　次：2025年3月第1版　　印　次：2025年6月第2次印刷
书　号：ISBN 978-7-5009-6499-5
定　价：57.00元

版权所有·侵权必究
购买本社图书，如遇有缺损页可与发行与市场营销部联系
联系电话：（010）67151482
社　　址：北京市东城区体育馆路8号（100061）
网　　址：www.psphpress.com

前言
PREFACE

对优秀运动员的培养,作为一项具有综合性而又复杂的系统工程,一直备受关注。在"举国体制"的制度优势下,我国竞技体育培养出一批又一批的优秀运动员,运动员培养不仅是国家体育事业的重要组成部分,还是体现一个国家竞技体育水平的重要标志。中国优秀女子水球运动员的培养,作为优秀运动员培养过程中的一个重要分支,在我国体育事业的发展中有着举足轻重的地位。如何全面评价中国优秀女子水球运动员的培养效果,了解其中的影响因素,进而提出可行的对策与建议,是当前研究亟须解决的问题。

水球作为西方较为流行的运动项目,在欧美国家广泛开展。20世纪20年代,水球运动从欧美传入我国香港、广东一带,最初仅有男子水球项目。中国女子水球项目重组之初,由国家体育总局统筹,各省份从不同运动项目(主要是游泳项目)中挑选运动员组建各省份女子水球队,在此基础上选拔、组建国家女子水球队。为备战2008年北京奥运会,国家体育总局游泳运动管理中心从我国女子水球项目发展的现实情况出发,颁布了一系列有利于女子水球项目发展的相关政策文件,文件提出在全国体育院校组建女子水球运动队,以提高该项目的群众参与程度。在优秀运动员的培养过程中,涉及政府、学校、企业、社会、市场等多个方面及相应的体制机制。为了确保运动员作为"人"的全面发展,不仅要重视他们所取得的优异运动成绩,还要注重培养其综合素质,这也是当前竞技体育可持续发展的重要保障。因此,本研究从"人的全面发展"的角度指出,必须从根本上调整、转变对优秀运动员的培养理念。

本研究以"中国优秀女子水球运动员培养效果评价及影响因素"为主题,旨在探索中国女子水球运动员培养的现状、存在的问题,并从综合及可持续发展的角度出发,提出相应的对策。本研究的设计与实施,借鉴了教育学、管理学等多学科的研究方法,并结合了马克思关于"人的全面发展"理论、运动员培养的一般理论等理论框架，采用了多种研究方法，如文献计量学分析、访谈法、口述史研究法、德尔菲法、数理统计法（模糊综合评价、探索性因子分析及结构方程模型）等，力求全面、客观地评价中国优秀女子水球运动员的培养效果，并深入剖析其中的影响因素。

相信本书能够为中国优秀女子水球运动员的培养工作提供有益的借鉴与参考，促进中国女子水球运动事业的繁荣与发展，为实现我国体育强国梦贡献绵薄之力。

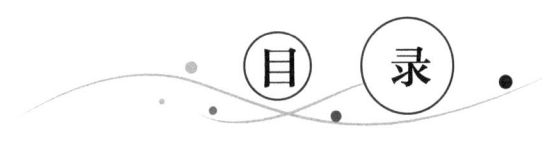

目 录
CONTENTS

1 绪论 ………………………………………………………………… 1

  1.1 研究背景与问题提出 ……………………………………………… 1
      1.1.1 培养全面发展的运动员已成为新时代竞技体育人才培养的新诉求 …… 2
      1.1.2 优秀运动员的培养效果是保障竞技水平稳步提升的重要依据 ……… 3
      1.1.3 奥运备战是中国女子水球竞技运动水平全面提升的客观要求 ……… 3
      1.1.4 培养全面发展的优秀运动员是迈向体育强国的必然选择 …………… 4
  1.2 研究目的与意义 …………………………………………………… 5
      1.2.1 研究目的 ……………………………………………………… 5
      1.2.2 研究意义 ……………………………………………………… 5
  1.3 研究思路 …………………………………………………………… 6
  1.4 研究内容及体系结构 ……………………………………………… 7
  1.5 研究对象与方法 …………………………………………………… 9
      1.5.1 研究对象 ……………………………………………………… 9
      1.5.2 研究方法 ……………………………………………………… 9
  1.6 研究创新之处 ……………………………………………………… 12
      1.6.1 研究视角创新 ………………………………………………… 12
      1.6.2 研究内容创新 ………………………………………………… 13
  1.7 几个概念的表述 …………………………………………………… 13
      1.7.1 培养及人才培养相关概念 …………………………………… 13
      1.7.2 评价与综合评价 ……………………………………………… 14
  小结 …………………………………………………………………… 15

2 理论基础、研究现状及研究评述 …………………………………… 16

  2.1 理论基础 …………………………………………………………… 16
      2.1.1 系统论 ………………………………………………………… 16

  2.1.2 可持续发展理论 ·· 18
  2.1.3 人的全面发展理论 ·· 20
  2.1.4 运动员培养一般理论 ·· 21
2.2 国内外研究现状 ·· 23
  2.2.1 关于运动员培养模式的研究 ······································ 23
  2.2.2 关于运动员培养体系的研究 ······································ 26
  2.2.3 关于运动员培养评价的研究 ······································ 29
  2.2.4 关于运动员培养影响因素的研究 ·································· 30
  2.2.5 已有研究文献的可视化分析 ······································ 31
2.3 研究评述 ·· 34
小结 ··· 34

3 中国优秀女子水球运动员培养的历程、现状与存在的主要问题 ········· 35

3.1 中国女子水球运动员培养的历程 ·· 35
  3.1.1 萌芽阶段（1991—2000 年）：水球项目的理论建设及
     女子水球项目传入中国 ·· 35
  3.1.2 探索阶段（2001—2017 年）：挑选运动员、重建队伍及赛事举办 ······ 36
  3.1.3 发展阶段（2018 年至今）：不同培养模式下的多元化培养 ············ 38
3.2 中国优秀女子水球运动员培养的现状 ···································· 39
  3.2.1 地域分布 ·· 39
  3.2.2 培养模式 ·· 39
  3.2.3 培养经费 ·· 41
  3.2.4 人力资源状况 ·· 41
  3.2.5 社会化路径 ·· 46
  3.2.6 转项成才情况 ·· 47
3.3 中国优秀女子水球运动员培养中存在的主要问题 ························ 49
  3.3.1 人员分布不均衡且参与人数不容乐观 ······························ 49
  3.3.2 初级培养阶段明显薄弱，对高水平优秀女子水球运动员的
     培养不能形成有力支撑 ·· 50
  3.3.3 不同培养模式下经费差距过大 ···································· 51
  3.3.4 人力资源结构、等级比例不合理 ·································· 51
小结 ··· 53

4 中国优秀女子水球运动员培养效果评价 ... 54

4.1 模糊综合评价法简介 ... 54
4.2 综合评价的思路、目的、意义及原则 ... 55
4.2.1 综合评价的思路 ... 55
4.2.2 综合评价的目的与意义 ... 56
4.2.3 综合评价的原则 ... 57
4.3 中国优秀女子水球运动员培养效果的综合评价指标体系的构建 ... 58
4.3.1 构建的过程与方法 ... 59
4.3.2 问卷预调查 ... 66
4.3.3 问卷正式调查及指标体系验证 ... 67
4.3.4 指标体系释义 ... 70
4.4 确定评价指标权重 ... 73
4.4.1 构建层次结构 ... 73
4.4.2 构建判断矩阵 ... 74
4.4.3 采用几何平均法进行归一化处理 ... 75
4.4.4 进行一致性判断 ... 75
4.5 确定评价等级 ... 77
4.6 建立多级模糊综合评价模型 ... 77
4.6.1 计算单指标评价向量 ... 78
4.6.2 计算单级模糊综合评价向量 ... 80
4.6.3 单级模糊综合评价分析 ... 82
4.6.4 多级模糊综合评价分析 ... 82
4.7 中国优秀女子水球运动员培养效果各层面评价结果分析 ... 83
4.7.1 竞赛层面的评价结果 ... 83
4.7.2 训练层面的评价结果 ... 84
4.7.3 文化教育层面的评价结果 ... 84
4.7.4 社会层面的评价结果 ... 85
4.7.5 综合素质层面的评价结果 ... 86
4.7.6 健康层面的评价结果 ... 86
小结 ... 87

5 中国优秀女子水球运动员培养影响因素分析 ... 88
5.1 研究过程设计 ... 88

         5.1.1 相关测量变量设计 ……………………………………… 88
         5.1.2 问卷调查 ……………………………………………… 94
　　5.2 概念模型构建 …………………………………………………… 98
　　5.3 研究假设提出 …………………………………………………… 98
　　5.4 结构方程模型的建立与评价 …………………………………… 99
         5.4.1 结构方程模型简介 …………………………………… 99
         5.4.2 模型建立 ……………………………………………… 100
         5.4.3 参数估计及模型选择 ………………………………… 101
         5.4.4 模型计算与修正 ……………………………………… 102
         5.4.5 结构方程模型解读 …………………………………… 106
　　5.5 中国优秀女子水球运动员培养效果相关因素的解释 ………… 107
         5.5.1 生存支持子系统 ……………………………………… 107
         5.5.2 智力支持子系统 ……………………………………… 108
         5.5.3 环境支持子系统 ……………………………………… 109
         5.5.4 社会支持子系统 ……………………………………… 110
         5.5.5 发展支持子系统 ……………………………………… 111
　　小结 ………………………………………………………………… 112

6 研究结论 …………………………………………………………… 113

7 主要对策 …………………………………………………………… 115

　　7.1 中国优秀女子水球运动员培养的战略依据、方向与目标 …… 115
         7.1.1 战略依据 ……………………………………………… 115
         7.1.2 战略方向 ……………………………………………… 116
         7.1.3 战略目标 ……………………………………………… 117
　　7.2 具体对策与措施 ………………………………………………… 118
         7.2.1 坚持以"举国体制"为培养主线，探索多种培养模式并行的
              多元化培养路径 ……………………………………… 118
         7.2.2 转变人才培养的理念，促进中国优秀女子水球运动员培养的
              可持续发展 …………………………………………… 118
         7.2.3 从"主观经验培养"转变为"客观依据培养"，调整培养改革的方向 … 120
         7.2.4 有针对性地调整中国优秀女子水球运动员培养的相关政策，
              促进中国优秀女子水球运动员的社会化、院校化培养 ………… 121
         7.2.5 进一步完善中国优秀女子水球运动员培养的评估体系，纵向追踪关注
              中国优秀女子水球运动员的长期发展，以提升运动员培养的综合质量 … 122

8 研究不足与展望 ……………………………………………………………… 123

8.1 研究不足 ……………………………………………………………… 123
8.2 研究展望 ……………………………………………………………… 123

参考文献 …………………………………………………………………………… 124

附录 ………………………………………………………………………………… 130

附录1 "中国优秀女子水球运动员培养效果评价及影响因素研究"
专家访谈提纲 ……………………………………………………… 130

附录2 中国优秀女子水球运动员培养效果的综合评价指标体系
专家访谈提纲 ……………………………………………………… 131

附录3 中国优秀女子水球运动员培养效果的综合评价指标体系
专家问卷第一轮 …………………………………………………… 132

附录4 中国优秀女子水球运动员培养效果的综合评价指标体系
专家问卷第二轮 …………………………………………………… 134

附录5 中国优秀女子水球运动员培养效果的综合评价指标体系
调查问卷 …………………………………………………………… 136

附录6 中国优秀女子水球运动员培养效果的综合评价指标体系
层次分析法指标相对重要性尺度比较表 ………………………… 138

附录7 中国优秀女子水球运动员培养影响因素指标体系
专家访谈提纲 ……………………………………………………… 139

附录8 中国优秀女子水球运动员培养影响因素初始题项测量量表 ……… 140

附录9 中国优秀女子水球运动员培养影响因素调查问卷内容
效度打分表 ………………………………………………………… 142

附录10 中国优秀女子水球运动员培养影响因素调查问卷 ……………… 144

致谢 ………………………………………………………………………………… 146

1. 绪 论

【内容提要】 本部分主要针对研究背景提出研究问题，同时通过对研究目的与意义、研究思路、研究内容、研究对象与方法，以及研究可能存在的创新之处进行阐释，突出研究主题的重要性，在此基础上对本研究的总体框架进行设计与介绍。

1.1 研究背景与问题提出

中国女子水球项目自1998年组建全国第一支女子水球队，到2008年北京奥运会前组建国家队，其间经历了"解散""重组"等较为艰难的过程。中国女子水球项目最初借助北京奥运会东道主的优势，仅用4年时间就夺取了奥运会第五名的好成绩，在2011年上海世锦赛上获得了第二名的好成绩，其中，"举国体制"的制度优势功不可没。但这之后，中国女子水球竞技水平持续下滑：项目总体参与人数不足；"三级训练网"的初级阶段训练科学化水平不高，中级阶段运动员比例不均衡及运动员频繁流失，队伍一直处于"新老交替"的不稳定状态，高级阶段选材受限等。这直接导致了中国优秀女子水球项目运动员后备力量培养乏力，人才青黄不接，无法形成一个良性的可持续发展的状态。此外，中外竞技体育研究表明，在优秀运动员培养过程中，时刻关注优秀运动员培养效果，以便随时调整优秀运动员培养的方向，是优秀运动员培养的重中之重。从当前中国优秀女子水球运动发展状况来看，其运动员的培养尚处于"经验认识"阶段，仍然存在教练员对运动员的培养主要依赖过往经验，科学选材、全面培养往往停留在口头上的客观事实。因此，应思考并解决当前中国优秀女子水球运动员的培养应该朝什么方向努力、受哪些方面因素的制约，需要从哪些方面进一步提升中国优秀女子水球运动员的培养效果等问题。

选择"中国优秀女子水球运动员培养效果评价及影响因素研究"作为本研究

选题，基于以下依据。

1.1.1　培养全面发展的运动员已成为新时代竞技体育人才培养的新诉求

自改革开放以来，随着综合国力的日渐强盛，我国在体育事业的各个方面取得了卓越的成就。尤其在竞技体育方面，自1984年洛杉矶奥运会中国获得首枚奥运会金牌，到2008年北京奥运会中国居金牌榜首位[①]，再到2022年北京冬奥会的成功举办，中国体育强国建设开启了新的征程，中国体育走进了竞技体育、群众体育、体育产业并驾齐驱、缺一不可的时代[②]。在这一时代背景下，培养全面发展的运动员成为竞技体育人才培养的新诉求，成为体育强国建设的新引擎。从"竞技体育人才培养"的历史发展来看，首先应该提到的是运动员培养一般理论[③]，它来源于运动训练理论和方法。纵观竞技体育强国如苏联在备战1956年第16届奥运会时，就首先提出了在竞技体育领域中广泛开展科学研究；并逐渐形成运动员培养的科学方法保障体系；美国优秀运动员培养的基本模式是"学校体育+职业体育"[④]。从选材、训练、竞赛及管理4个方面来看，首先将苗子的选拔工作纳入学校体系，以学校为基础进行培养；其次以职业体育的运行机制反哺运动员，使其进一步成长。将体育融入学校，以学校为中心来发展竞技体育，将学校的业余训练、中学阶段的培养及大学阶段的培养划分为美国式"三级训练网"。在这样的环境下，这些学生运动员正常接受教育的同时，凭借超越常人的运动能力也能够使其脱颖而出。这一培养模式促使美国的竞技体育人才层出不穷，为美国在竞技体育的发展过程中获取优异运动成绩及培养出高质量的运动员奠定了雄厚的基础。这也再次说明了对运动员的培养是竞技体育优异运动成绩获得的重要保障。自1979年名古屋会议上恢复国际奥委会合法席位以来，我国竞技体育管理体制以"举国体制"为核心，即在当时有限的物资经济条件下，国家采取统一管理、集中训练的方式，在短时间内培养运动员，使其获得优异运动成绩。不得不说，"举国体制"下的"三级训练网"培养出了很多运动成绩优异的运动员，且在很长一段时间内为我国竞技体育取得辉煌成就提供了重要的人才保障。进入新时代，随着我国经济社会向高质量发展迈进，特别是体育强国建设新要求的提出，这种专业

---

① 王智慧. 体育强国的评价体系与实现路径研究[D]. 北京：北京体育大学，2014.
② 李丽，汪涌，李铮，等. 中华体育精神光耀里约[J]. 中国工人，2016（9）：10-11.
③ 姚颂平，吴瑛，马海峰."运动员培养一般理论"学科的发展与奥运备战[J]. 上海体育学院学报，2020，44（1）：1-11.
④ 邹月辉. 美国德（得）克萨斯州大学生运动员人才培养研究[D]. 北京：北京体育大学，2011.

化的人才培养模式受到市场经济的冲击与挑战。因此，对优秀运动员的培养提出了新的诉求。

1.1.2 优秀运动员的培养效果是保障竞技水平稳步提升的重要依据

在竞技体育人才培养方面，从2008年北京奥运会以后，随着由体育大国向体育强国迈进，国家相继出台了一系列政策，如《奥运项目竞技体育后备人才培养中长期规划》《关于进一步加强运动员文化教育和运动员保障工作的指导意见》等。这一系列举措都进一步说明竞技体育人才培养的重要性。优秀运动员培养的重要性毋庸置疑，其培养效果更是保障竞技水平稳步提升的重要依据。随着时代发展和社会进步，优秀运动员的培养目标发生了一定的变化，社会对运动员的培养要求有了新的期待，已然从过往的培养"创造优异运动成绩的高水平运动员"单一培养目标，向培养"全面发展的高素质高水平竞技体育人才"复合培养目标转变。培养目标的转变，引起了更多学者的思考，针对优秀运动员的培养，如何才能使其在获取优异运动成绩的同时，从实质上解决其文化水平低、技能掌握不够、无法适应社会等问题。因此，培养什么样的运动员？如何培养？这些就成为培养优秀运动员的核心问题。基于此，本研究在全面发展与可持续化发展的视角下，探讨中国优秀女子水球运动员的培养问题，评价当前中国优秀女子水球运动员培养效果，对新时代改善和提高中国优秀女子水球运动员的培养质量具有重要的现实意义。

1.1.3 奥运备战是中国女子水球竞技运动水平全面提升的客观要求

在"举国体制"的优势下，中国女子水球队自组队以来，运动成绩一直稳步提高。在2012年伦敦奥运会中，中国女子水球队保持了2008年北京奥运会取得的第五名的成绩，但在2016年里约奥运会中成绩开始出现下滑，仅仅获得了第七名。近年来，随着水球规则演变、国家队运动员新老交替、教练员更替、项目管理主体调整等一系列变化，中国女子水球队运动成绩持续出现下滑。在2024年巴黎奥运会中，中国女子水球队获得了第十名的成绩，这是中国女子水球队在历届奥运会比赛中取得的最差名次（图1-1）。

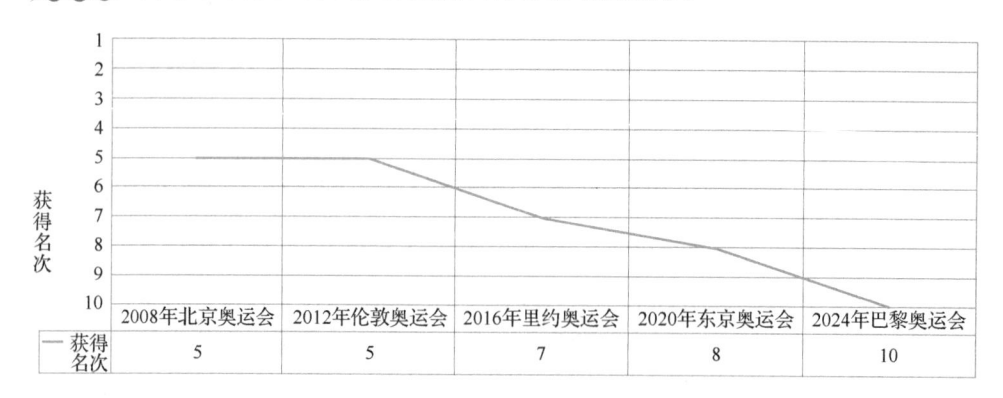

获得名次	2008年北京奥运会	2012年伦敦奥运会	2016年里约奥运会	2020年东京奥运会	2024年巴黎奥运会
获得名次	5	5	7	8	10

图 1-1　中国女子水球队历届奥运会所获名次

中国女子水球运动成绩的持续下滑，除了单一地从训练学的视角去探寻运动员竞技能力等方面的因素，还应该综合运用管理学、教育学等学科的理论去探讨我国水球项目在运动员培养效果及综合评价等方面的因素。就目前中国优秀女子水球运动员的培养而言，其管理及机制运行与国家奥运备战目标的要求尚存在较大差距，较难达到科学化、系统化及可持续发展的要求。一直以来，中国女子水球运动在运动员培养问题上尚存在片面、单一地依赖、借鉴与模仿国外水球强队的做法，难免存在诸多不足和"水土不服"的情况。因此，通过立足中国经济社会和文化发展实际，找出影响中国优秀女子水球运动员获取优异运动成绩的主要因素，研究因素与因素之间的关系，从而达到既提高中国优秀女子水球运动员运动成绩，又满足运动员全面、健康、可持续发展的客观要求的目标。

1.1.4　培养全面发展的优秀运动员是迈向体育强国的必然选择

优秀女子水球运动员的培养问题既是我国竞技体育的重要组成部分，也是我国由体育大国向体育强国迈进的重要内容。从竞技体育人才培养的角度来看，运动员的培养观念需要从根本上实现调整和转变。培养全面发展的运动员主要是指从"只注重运动员的运动成绩"转变为"也注重运动员的全面发展"，从"粗放式的培养方式导致普遍存在的人才流失情况"转变为"精细化管理下的运动员培养的全面且可持续发展"等。从当今社会需求来看，运动员的运动成绩仍然是衡量运动员是否成才的核心标准，但不应该是唯一标准。将运动员的优异运动成绩视作其从事体育行业的优势技能，但从"人"的角度来看，运动员应当接受更全面的教育并提升自身的综合素质。通过全面发展进一步提升优秀运动员培养的质量，用较高的培养质量反过来促进运动员竞技能力和运动成绩的提升，最终使运动员处于一个良性的、可持续发展的状态，这也是体育强国建设进程中优秀运动员培养路径的必然选择。

1.2 研究目的与意义

1.2.1 研究目的

本研究在系统梳理中国优秀女子水球运动员相关研究的基础上，以中国优秀女子水球运动员培养为切入点，借鉴多学科的理论，通过梳理和回顾中国优秀女子水球运动员的培养历程和各阶段特点，分析中国优秀女子水球运动员的培养现状，找出当前中国优秀女子水球运动员培养过程中存在的问题，对其培养效果进行综合评价并分析影响中国优秀女子水球运动员培养的主要因素及因素之间的关系，为中国优秀女子水球运动员的培养提供一定的理论借鉴和参考，以推动中国女子水球运动竞技水平的进一步提升。

1.2.2 研究意义

1.2.2.1 理论意义

本研究从优秀运动员培养的"全面发展"视角出发，以教育学、管理学等学科及马克思关于人的全面发展理论、可持续发展理论、运动员培养一般理论等作为研究的理论基础；结合新时代培养全面发展的优秀运动员这一新的诉求，对过往运动员培养一般理论进行新的研究与优化；力求为中国优秀女子水球运动员的培养效果及该运动项目竞技水平的提升提供理论借鉴和参考。

1.2.2.2 实践意义

本研究运用模糊综合评价及结构方程模型（Structural Equation Modeling，SEM）等相关研究手段，对当前中国优秀女子水球运动员培养效果进行综合评价，试图揭示当前中国优秀女子水球运动员培养过程中的问题和不足，并系统分析影响优秀运动员成长的主要因素及各因素之间的关系，力求有针对性地提出有效解决办法，从而提升中国优秀女子水球运动员培养的数量与质量。本研究具有一定的实践意义。

1.3 研究思路

本研究从实现中国优秀女子水球运动员的全面发展及项目可持续发展的视角出发，把运动员培养问题看作一个复杂且动态变化的系统；分析中国优秀女子水球运动员培养的现状及存在的主要问题，综合评价当前中国优秀女子水球运动员的培养效果，从中寻找中国优秀女子水球运动员培养的问题和不足；分析影响中国优秀女子水球运动员培养的主要因素，进而提出优化中国优秀女子水球运动员培养效果的可行性建议与对策。

研究思路如图 1-2 所示。

```
研究背景：
1. 时代背景：培养全面发展的运动员已成为新时代竞技体育人才培养的新诉求
2. 核心问题：优秀运动员的培养效果是保障竞技水平稳步提升的重要依据
3. 现实需求：奥运备战是中国女子水球竞技运动水平全面提升的客观要求
4. 未来向度：培养全面发展的优秀运动员是迈向体育强国的必然选择
```

↓

文献：运动员培养的相关研究

↓

提出研究问题：中国优秀女子水球运动员培养效果评价及影响因素研究

- A. 专家访谈
- B. 收集题目素材
- C. 确定问卷题项
- D. 设计调查问卷
- E. 测量工具信效度
- F. 修订
- G. 中国优秀女子水球运动员培养现状分析与存在的主要问题
- H. 建立评价指标体系并进行模糊综合评价
- I. 影响因素分析

1. 中国优秀女子水球运动员培养的历程、现状与存在的主要问题
2. 中国优秀女子水球运动员培养效果评价
3. 中国优秀女子水球运动员培养影响因素分析
4. 中国优秀女子水球运动员培养的对策与措施

图 1-2 研究思路

图 1-2 体现了本研究从选题构思到理论与实证的总体性研究规划。本研究从提出问题到实现研究目的的过程分为以下步骤：第一步，进行理论梳理和分析。通过中国知网（CNKI）和全球引文数据库（Web of Science，WOS）等进行文献资料的收集。从现有文献中，进行文献计量学分析，梳理和分析文献所提及的与运动员培养相关的理论并总结归纳最新研究成果，为本研究的开展提供一定的理论基础及理论依据；第二步，对中国优秀女子水球运动员培养的历程、现状及存在的主要问题进行分析；第三步，对从事训练学、管理学等学科研究的有关专家，以及从事水球一线管理和训练的领队、教练员及裁判员进行访谈，以形成调查的维度和问卷的基本条目，并根据不同章节研究的需要设计不同的问卷，对问卷条目进行反复筛除，从而建立评价指标体系；第四步，对建立的评价指标体系进行预调查，以修正和调整问卷，从而形成正式问卷；第五步，进行正式调查，完成数据采集工作，并通过因子分析验证评价指标体系的合理性；第六步，根据所建立的评价指标体系对中国优秀女子水球运动员培养的现状进行模糊综合评价，找出中国优秀女子水球运动员的培养短板；第七步，对影响中国优秀女子水球运动员培养的主要因素进行系统分析并通过结构方程模型验证研究所提出的研究假设；第八步，提出主要对策；第九步，总结和归纳研究的主要结论并对研究的不足提出下一步研究的展望。

总的技术路线是：现状定性分析→实证量化评价→构建影响因素概念模型→找出中国优秀女子水球运动员培养过程中的正面和负面影响因素→分析因素与因素之间的关系并验证概念模型→总结归纳研究结论→结合研究结论，提出相关对策建议。

本研究采用的统计方法包括描述性统计、信度和效度分析、探索性因子分析、模糊综合评价及结构方程模型等。

1.4 研究内容及体系结构

根据研究目的与要求、研究内容及体系结构，本书设计为以下内容。
"1 绪论"首先描述研究背景，包括培养全面发展的运动员已成为新时代竞技体育人才培养的新诉求，优秀运动员的培养效果是保障竞技水平稳步提升的重要依据，奥运备战是中国女子水球竞技运动水平全面提升的客观要求，以及培养全面发展的优秀运动员是迈向体育强国的必然选择；其次阐明研究的目的和意义，旨在全面评价中国优秀女子水球运动员的培养效果及影响因素，为其可持续发展提供支持。研究思路涉及问题的提出、方法的选择及研究的创新之处。

"2 理论基础、研究现状及研究评述"首先对研究的理论基础进行阐述，涉及系统论、可持续发展理论、人的全面发展理论及运动员培养一般理论；其次详细综述国内外关于运动员培养的模式、体系、评价和影响因素的研究现状，为后续研究提供理论支撑和借鉴。

"3 中国优秀女子水球运动员培养的历程、现状与存在的主要问题"首先追溯中国优秀女子水球运动员培养的历程，分为萌芽阶段、探索阶段和发展阶段，并对各阶段的特点进行描述；其次详细分析中国优秀女子水球运动员培养的现状，包括地域分布、培养模式、培养经费、人力资源状况、社会化路径、转项成才情况，以及存在的主要问题，如人员分布不均衡、培养模式不完善等。

"4 中国优秀女子水球运动员培养效果评价"详细介绍模糊综合评价法及综合评价的目的与意义，并建立了中国优秀女子水球运动员培养效果的综合评价指标体系。通过问卷调查和模型构建，对竞赛、训练、文化教育、社会、综合素质和健康等方面进行评价，为提升培养效果提供科学依据。

"5 中国优秀女子水球运动员培养影响因素分析"系统分析中国优秀女子水球运动员培养过程中存在的影响因素，包括生存支持、智力支持、环境支持、社会支持和发展支持等方面，并利用结构方程模型探讨各因素之间的关系和影响机制。

"6 研究结论"总结本研究的主要内容和发现，指出全面发展的运动员对于女子水球项目的发展至关重要，并强调持续关注与支持的必要性。

"7 主要对策"针对前述问题提出对策与措施，包括多元化培养路径的探索、培养理念的转变、培养改革方向的调整、政策的调整、评估体系的完善等，旨在促进中国优秀女子水球运动员的培养工作。

"8 研究不足与展望"指出本研究的不足之处，并对未来的研究方向和重点进行展望，强调全面发展理念的深入探索和长期跟踪研究的重要性。

1 绪 论

1.5 研究对象与方法

1.5.1 研究对象

研究对象主要是中国优秀女子水球运动员。"优秀"一词，在我国以"举国体制"为核心的体育管理体制下是一个特定的称谓，不泛指所有优秀的、好的运动队，而是特指我国竞技体育的一线队伍、担负着攀登世界体育运动技术水平高峰任务的优秀运动员，亦指我国竞技体育"三级训练网"中的一、二级运动队，即省级优秀运动队和国家集训队的运动员。本研究所界定的"优秀"是省（自治区、直辖市）优秀运动队及国家集训队的运动员。为了研究需要，也适当选取了部分世界优秀女子水球选手作为比较研究对象。

1.5.2 研究方法

研究方法既是研究赖以进行的工具，又是研究得以发展的基础。能否选择恰当的研究方法，关系到研究是否顺利进行及结论的可靠程度。本研究将文献计量学分析方法、访谈法、口述史研究法、德尔菲法、数理统计法模糊综合评价、探索性因子分析、结构方程模型等方法，以及其他相关实证研究和综合、比较、逻辑等分析方法有机结合，从管理学、教育学、人才学的角度系统分析与合理规划符合世界水球运动发展方向的中国优秀女子水球运动员培养的策略模式。

1.5.2.1 文献计量学分析方法

根据本研究需要，收集并整理研究所需的相关文献资料，并以系统论、可持续发展理论、人的全面发展理论及运动员培养一般理论作为理论支撑。主要通过中国知网、维普期刊资源整合服务平台、万方数据知识服务平台、百链学术搜索、EBSCO全文期刊数据库、中国橄榄球协会网站、国际游泳联合会官网等查阅理论书籍与文献，从而把握当前研究主题下的研究进展与合作情况，并对相关研究结果进行分类、归纳和总结。

为全面了解运动员培养相关研究的前沿与进展，本研究以1949年为文献检索起点，检索并梳理了中华人民共和国成立以来的70多年间，关于运动员培养的相关核心期刊收录情况，文献共计检索270篇，主要包括不同运动项目运动员的培养模式、培养现状、培养机制、培养理念、培养体制及培养体系等。采用 CiteSpace 软件进行文献可视化分析，将有效样本文献以 RefWorks 格式导入 CiteSpace 软件，结合可视化图谱分析文献特征及研究热点。

1.5.2.2 访谈法

根据研究目标与任务，笔者确定了中国优秀女子水球运动员培养的历程、现状、存在的主要问题，培养效果评价及培养影响因素等几个核心问题，就研究设计思路的合理性及研究中相关指标的代表性进行了访谈，并分别设计了访谈提纲（见附录1）。访谈对象包括中国橄榄球协会分管水球项目的管理人员、各省（自治区、直辖市）优秀运动队从事一线水球训练的教练员及领队、各有关高等院校所建立的优秀女子水球运动队的教练员，以及高等院校、科研院所相关领域的专家教授等（访谈专家名单见附录2）。访谈渠道：一是笔者借助参加全国各类高水平水球比赛裁判工作的机会，采访上述受访者；二是对上述所列不能到赛区的访谈对象采用电话访谈。通过访谈，为本研究获得了真实、详细的第一手资料。

1.5.2.3 口述史研究法

由于关于水球项目的研究在我国较为薄弱，很多历史资料已无法收集和查阅，所以根据研究需要，采用口述史研究法对中国优秀女子水球运动员培养的历程这一主题进行了史料收集，采集对象为我国早年从事水球运动训练和裁判竞赛工作的老专家，包括湖南省游泳中心党委书记王 YQ、广州市水上运动管理中心水球队领队李 SH、成都体育学院附属竞技体校水球队主教练田 C、原中国国家队队员何 M 等。这项工作主要通过面对面探访和电话采访的方式进行，这为深入研究获取了宝贵的基础信息资源。

1.5.2.4 专家问卷调查——德尔菲法

针对本研究涉及的中国优秀女子水球运动员培养效果与影响因素等问题，笔者分别设计了不同主题的专家调查表进行问卷调查，按照德尔菲法操作程序，将调查问卷发放给有关高等院校运动训练学、体育管理领域专家，以及参加全国水球比赛的一线教练员和领队共计14 名（表1-1），以完成访谈指标的筛选。整个访谈共进行了两轮专家函询。第一轮函询主要是向各领域专家介绍本研究的评价指标体系的构成，并请各位专家给出相应的建议与意见；第二轮函询主要将第一轮指标的调整和修改结果反馈给专家,并提供修正后的评价指标体系。经过两轮的函询,调整和修正后的评价指标体系基本符合研究所需。

表 1-1　专家组成员情况(n=14)

类别	专家姓名	职务/职称	工作单位
各学科专家	LJH	博士、教授	成都体育学院
	CSP	博士、教授	西安交通大学
	CLH	博士、教授	成都体育学院
行政管理人员	MST	副部长	中国橄榄球协会(水球项目归属于橄榄球协会)
	WYQ	党委书记	湖南省游泳运动管理中心
	CZL	副主任	湖南省体操运动管理中心(由湖南省游泳运动管理中心调入)
		秘书长	湖南省游泳运动协会
	ZL	副主任	上海市竞技体育训练管理中心游泳运动中心
	LSH	领队	广州市水上运动管理中心水球队
一线教练员	PSH	国家级教练员	上海市竞技体育训练管理中心游泳运动中心
	MAL	国家级教练员	广西水上运动发展中心
	LWH	高级教练员	上海市竞技体育训练管理中心游泳运动中心
	GWQ	高级教练员	上海市竞技体育训练管理中心游泳运动中心
裁判员	ZJ	国际级裁判员	上海市体育运动学校
	PY	国际级裁判员	天津市游泳运动管理中心

根据研究需要,笔者结合前期的专家访谈,设计了与本研究主题相关的两部分调查问卷(相关问卷调查表见附录 3 至附录 5):一是针对当前中国优秀女子水球运动员培养效果进行评价的问卷;二是针对中国优秀女子水球运动员培养效果的正面和负面的影响因素进行分析的调查问卷。该问卷的发放范围有所扩大,增添了多年从事该项目的运动员、教练员、裁判员和竞赛工作者,以及体育科研院所从事运动训练研究的专家及学者。

1.5.2.5　数理统计法

本研究将采用 SPSS 19.0 软件对回收的问卷数据进行统计分析,主要是对问卷的信度、效度进行分析,以及对本研究中的部分现状调查进行描述性统计。

1.5.2.6　模糊综合评价

根据研究需要,运用模糊综合评价对当前中国优秀女子水球运动员培养的各方面进行综合评价。由于中国优秀女子水球运动员培养的各方面评价指标不一定全部属于可量化指标，部分指标存在模糊性，所以研究过程中需要采用该方法并以模糊数学为基础，应用模糊关系综合的原理，将评价指标体系中那些能够反映优秀运动员培养效果，但又不易定量的指标定量化，从不同角度对优秀运动员培养效果的隶属度等级状况进行综合评价[1]。

1.5.2.7 探索性因子分析

根据研究需要，运用探索性因子分析（Exploratory Factor Analysis，EFA）中的KMO（Kaiser-Meyer-Olkin，检验统计量）值与Bartlett（巴特利特）球形检验对问卷的效度进行测试，并且对"中国优秀女子水球运动员培养影响因素"进行探索性因子分析。

1.5.2.8 结构方程模型

结构方程模型是一种验证性的统计方法，它包含两种最基本的模型，即测量模型（Measured Model）和结构模型（Structural Model）。测量模型在结构方程模型中表示为验证性因素分析。本研究使用结构方程模型验证构建的中国优秀女子水球运动员培养影响因素理论模型，对模型中各潜在变量之间的关系及模型拟合度进行验证。具体的模型构建与验证等相关内容见"5 中国优秀女子水球运动员培养影响因素分析"。

1.6 研究创新之处

本研究的创新之处表现在以下两个方面。

1.6.1 研究视角创新

本研究基于人的全面发展的视角对中国优秀女子水球运动员的培养进行探讨。在以往对优秀女子水球运动员的研究中，主要是从训练学的角度研究运动员的竞技能力提升问题，并且以"运动成绩"或"奖牌"等指标衡量运动员培养质量的优劣。本研究从教育学、管理学等多学科的角度，增强了中国优秀女子水球

---

[1] 杜栋，庞庆华，吴炎. 现代综合评价方法与案例精选[M]. 2版. 北京：清华大学出版社，2008.

运动员培养的"全面性"。因此，从研究视角上看，本研究存在一定程度的创新。

1.6.2 研究内容创新

本研究尝试运用多学科理论，对中国优秀女子水球运动员的培养效果进行综合评价并对影响因素进行综合分析。通过"综合评价"和"五大培养子系统"的构建，比较全面地分析当前中国优秀女子水球运动员培养过程中存在的主要问题；通过以适应新时代对培养全面发展的运动员的新诉求为基准，全面系统梳理中国优秀女子水球运动员培养效果的影响因素。因此，从研究内容上看，本研究也存在一定程度的创新。

1.7 几个概念的表述

1.7.1 培养及人才培养相关概念

在《现代汉语词典》（第7版）中，"培养"的第二种定义为"按照一定目的长期地教育和训练使成长"。而"人才培养"是指对人才进行一定时间段的教育、培训，或者通过层层选拔的苗子经过培养和专门的训练，成为各种职业和岗位所需要的专门性人才[1]。"竞技体育人才培养"包括专业队运动员和竞技体育后备人才[2]，两者都属于"运动员培养"的范畴。根据叶忠海构建的人力资源概念图谱[3][4][5]中对"人才"比较清晰的解释，从多层级演绎，最后界定了"人才""后备人才""劳动力""后备普通劳动力"之间的区别。从解释中可以发现，人才就是某一领域所需的高素质的成年人；而后备人才与人才的主要区别在于年龄上的差异，即后备人才是梯队建设中处于预备队伍中的人群，其主要特点在于还未完全展现出才能和价值。在人才学的研究领域中，对"人才"的培养过程分为成才期和展才期[6]。

国内关于水球人才培养的相关研究较为单薄，还没有一个比较成熟的定义。

---

[1] 中国社会科学院语言研究所词典编辑室. 现代汉语词典[M]. 7版. 北京：商务印书馆，2016.
[2] 周战伟. 基于发展方式转变的上海市竞技体育后备人才培养研究[D]. 上海：上海体育学院，2016.
[3] 黄维德. 现代人力资源开发与管理概论[M]. 上海：华东理工大学出版社，1998.
[4] 谢松林. 上海市足球后备人才培养体系协同发展研究[D]. 上海：上海体育学院，2020.
[5] 叶忠海，陈子良，缪克成，等. 人才学概论[M]. 长沙：湖南人民出版社，1983.
[6] 叶忠海. 人才学基本原理[M]. 北京：蓝天出版社，2005.

从"体育人才"的定义来看，体育人才是具备一定体育知识和技能，同时也具备其他相关知识和能力的人[①]。在这一广义的定义下，根据不同领域还可以进行下一级别的分类。运动员属于体育人才中的竞技体育人才，而中国优秀女子水球运动员则属于竞技体育人才中的一部分。对水球人才广义的解释则是指在水球方面具有一定的竞技能力水平，能在水球运动项目领域中作出一定贡献的人。由于本研究主要聚焦于中国优秀女子水球运动员培养问题，所以研究对象主要是中国优秀女子水球运动员。

1.7.2 评价与综合评价

评价，通常是指评价主体对评价客体的价值大小进行评估，这一判断活动需要根据一定的评价标准，按照一定的流程进行[②]。评价是人们在日常工作、学习及生活中时常会进行的认识活动[③]，通常人们为了能够作出正确的决策，需要对评价客体进行较为客观的评价，它同时也表示评价主体对评价客体的认同程度。因此可以认为，没有评价则没有决策，且评价应该以具体的目标为导向，在对被评客体进行客观分析的前提下，测定评价客体的相关属性，即明确价值的过程。因此，评价活动通常包括两个基本特点：①以评价目标为导向，对被评客体进行分析，并确定评价指标体系及相应的权重体系；②对被评客体的属性进行界定。因此，可以认为评价活动是主观与客观相结合的过程，是评价主体对评价客体进行决策的基础。

评价包括综合评价和单项评价。无论是单项评价还是综合评价，都是对客体的价值进行反映，它们之间的不同点在于，综合评价是从不同的层面、角度对所要评价的客体作出总的评价[④]。此外，评价是发现和实现事物价值的重要手段之一，它将评价客体的潜在价值转变成直接的形式，以供人们参考和运用。

综合评价的统计过程是复杂多变的，涉及不同层面、不同角度。归纳起来通常包括以下 6 个环节。

（1）确定评价对象和评价目的。评价对象即评价的客体，通常是同类事物或同一事物在不同时期的表现[⑤]。评价目的则是日常生活中开展评价工作的依据。因

---

① 赵道静，陈小满. 我国体育人才需求预测及发展战略研究[J]. 武汉体育学院学报，2006，40（12）：31-35.
② 姜金贵，宋艳，杜蓉. 管理建模与仿真[M]. 北京：机械工业出版社，2018.
③ 苏为华. 综合评价学[M]. 北京：中国市场出版社，2005.
④ 胡永宏，贺思辉. 综合评价方法[M]. 北京：科学出版社，2000.
⑤ 杜栋，庞庆华，吴炎. 现代综合评价方法与案例精选[M]. 2 版. 北京：清华大学出版社，2008.

此，在构建综合评价的指标体系和评价模型时，需要以评价目的为依据。不同的评价目的势必会导致不同的评价指标体系和评价模型。

（2）构建综合评价指标体系。在确立了评价对象和评价目的以后，需要进行综合评价指标体系的构建。通过将其细分为具有可操作性的统计指标使其结构化。

（3）选择评价方法和建立评价模型。选择评价方法需要视评价客体的具体情况进行，而选择和构建评价模型的关键之处在于确定各项评价指标的权重。

（4）实施综合评价。在实施综合评价的过程中，需要根据已设计的评价体系进行数据搜集，要确保数据的有效性、客观性及准确性，最后将数据带入模型进行计算。

（5）评估和检验评价结果。评估和检验评价结果的目的是验证所选择的评价指标体系、评价模型及指标权重等是否合理。若验证结果不符合要求，则需要重复上述操作环节。

（6）评价结果分析。在分析评价结果时，需降低人为的主观因素对评价结果的影响，以确保评价结果的客观性、有效性及准确性。但由于综合评价方法也存在一定的局限性，所以最终的评价结果并非决策的唯一依据，但可以为我们认识和分析评价客体提供重要的参考依据。

小　　结

本部分介绍了研究的背景，阐述了研究选题提出的依据，以及研究目的与意义、研究思路、研究对象与方法、研究创新之处等，并对"优秀运动员""培养""人才培养"等相关核心概念进行了界定。

2. 理论基础、研究现状及研究评述

【内容提要】本部分通过文献计量学分析,以及对国内外相关研究进行整理和分析,深入研究当前优秀运动员及水球优秀运动员的培养现状,并对与研究相关的理论基础进行梳理和阐述。CiteSpace 是应用 Java 语言开发的一款信息可视化软件,当前已经成为文献计量学分析的热门工具。该分析方法的优势在于能帮助学者掌握和实时追踪自身所从事的研究领域的研究现状与成果,以及该研究主题下的热点词汇与侧重点,同时也可以凸显该领域发展历程中特定的重要文献[1][2][3]。

2.1 理论基础

2.1.1 系统论

贝塔朗菲于 20 世纪 20 年代提出了"有机组织"这一概念,这一概念的核心思想就是强调把生物作为一个有机整体来考虑。贝塔朗菲的代表论文《关于一般系统论》的发表,标志了一般系统论的创立[4]。在贝塔朗菲的研究中,虽涉及哲学和数理的层面,但受限于生物学背景,其研究仍然存在一定的局限性。因此,拉兹洛等人在贝塔朗菲的基础上,从哲理层次对一般系统论进行了更为深刻的研究。随着人们对世界的不断探索及科学技术的不断分化,科学技术在分化过程中又不断地影响、作用及协同,最终形成了整体化趋势。由于当代工程技术的突飞猛进,生产环节变得愈加复杂,需要从整体及联系的视角出发,管理和控制生产的各环

---

[1] CHEN C, LEYDESDORFF L.Patterns of connections and movements in dual-map overlays: A new method of publication portfolio analysis[J]. Journal of the association for information science and technology, 2013, 65(2): 334-351.

[2] CHEN C. CiteSpace II:Detecting and visualizing emerging trends and transient patterns in scientific literature[J]. Journal of the American society for information science and technology, 2006, 57(3): 359-377.

[3] CHEN C. Predictive effects of structural variation on citation counts[J]. Journal of the association for information science and technology, 2012, 63(3): 431-449.

[4] 费军, 余丽华. 泛系理论与一般系统论比较研究[J]. 系统辩证学学报, 1997, 5(4): 71-74.

节，于是系统工程、系统分析和管理科学应运而生，并与系统论、控制论、信息论及运筹学等学科相互交融和渗透。直到1969年，学者相继提出了耗散结构理论和协同学理论。这两个理论从宏观和微观及两者相互联系的视角，解答了系统是如何从无序向有序过渡的问题，并阐述了其走向有序结构的过程。这一过程被称为自组织理论，后发展成为系统的自组织理论。进入20世纪80年代，在非线性科学和复杂性层面也相继有了卓越的成果。例如，钱学森等学者提出了开放的复杂巨系统的概念，并归纳和总结出"从定性到定量的综合集成法"来处理这类系统的方法论。

研究的兴起和取得的成就，进一步推动了系统科学的发展。在我国，系统理论研究方面又包含很多研究领域，如分形理论、耗散结构理论、突变理论、协同学等。系统论的这些细分下来的领域最初源于自然科学，但又逐渐渗入社会科学中。目前从系统理论的知识背景出发，大致可以分为以生物学和心理学为背景，以数学为背景，以控制论、信息论为背景，以及以物理学为背景的系统理论。不同背景下关于"系统"的定义主要分为：第一，数学模型中的某一种模型可以看作是一个系统；第二，指"结构""功能""要素""要素之间的关系"等这些和"整体"相关的概念而给出的定义；第三，通过"输入""信息加工""反馈""输出"这一通路所指的系统[①]。

系统科学是一门关于思维方法的科学与哲学，它是建立在马克思主义哲学、自然辩证法和唯物主义哲学的基础上发展而来的。系统科学是20世纪中期以来，科学领域中发展较快的一门科学，它是对物质世界与精神世界的不断延伸和深化。系统思想突出的是事物的整体性，对于系统科学本身而言，其实质就是强调要从整体上认识和把握事物本身。在钱学森等学者的推动下，我国的其他学者在不同程度上对系统科学理论进行了研究，这些从不同角度、不同程度开辟的研究领域，统称为系统科学论。根据系统论自身概念及其外延，任一系统都是由多个组成部分构成的，因此我们把这些组成部分称为系统的元素。对于人文社会科学而言，其系统有时很难明确区分其组成的元素，因此多数时候学者们会对其系统有重要影响的因素进行探讨，进而把这些对系统有着重要影响因素的部分统称为系统的要素。这些要素之间存在着多种形式的关联，其中元素之间相对稳定且有一定规则的联系方式的总和，称为系统的结构[②]。按照系统论而言，所有的事物都以整体

---

① 瓦·尼·萨多夫斯基. 一般系统论原理[M]. 贾泽林，刘伸，王兴成，等译. 北京：人民出版社，1984.
② 苗东升. 系统科学精要[M]. 3版. 北京：中国人民大学出版社，2010.

的形式存在于世界上,那么根据此特点,我们可以用系统方法对一切事物进行探索和研究。系统中的元素,即子系统,是系统的组成部分;而系统结构则是构成系统的子系统之间相互作用、相互影响及联系的方式,它在一定程度上揭示了系统内部各子系统之间的内在顺序;功能是指当系统与外部环境接触时,其相互影响及相互作用的能力和效果。系统论的核心观点主要包括:系统内各子系统看似独立存在,但在系统这一整体下,各子系统并不是孤立存在的,且各子系统之间相互作用、相互影响,构成一个不可分割的整体,即系统是一个动态发展的整体。

从"近代科学"到"现代科学"这一发展进程中,以耗散结构理论的诞生为先导的自组织理论的兴起,促使人们以"整体思维、过程思维"来研究和分析事物运动变化的方式[1]。由于社会科学面对的研究问题及研究对象的复杂性,在系统论这一视角下,我们可以将中国优秀女子水球运动员的培养看作一个整体且庞杂的系统,且这一系统呈现出动态变化及多元化的特性。在这一系统中,系统论原本所表达的原理依然成立。在运动员培养这一庞杂系统中又包含训练、竞赛、文化教育、保障、社会环境等一系列子系统,这些子系统看似相对独立,却又相互作用、相互影响,并共同提升运动员培养系统的整体功效。

优秀运动员培养系统是一个具有特定功能、特定目标的有机整体,它由相互作用、相互依赖的各子系统结合而成。系统的基本特征包括多元性、相关性、整体性,这3种特征分别说明优秀运动员培养系统存在多样性和差异性的统一、相互联系和相互作用的统一、组成部分和系统整体的统一。当优秀运动员培养系统中各子系统较少且差异不大时,可以整合系统;然而,当优秀运动员培养系统中各子系统所包含的元素众多且差异较大时,则需要将子系统进行划分,然后将子系统整合为完整的系统。

2.1.2 可持续发展理论

在《逸周书·大聚解》中提到:"春三月,山林不登斧,以成草木之长。夏三月,川泽不入网罟,以成鱼鳖之长。"这表现了古人已意识到保护自然环境资源及环境的可持续发展对人类生存的重要性,说明古时候便有了"可持续发展思想"。随后,西方国家在第二次世界大战结束后持续加速工业化现代化发展进程,经济

---

[1] 马卫平. 复杂性思维视野中的体育研究——对我国体育研究中的思维方式之反思[J]. 体育科学,2007,27(1):76-84.

的高速增长及人们对物质财富欲望的膨胀,导致一系列问题出现,如自然资源短缺、环境受到肆意破坏而日益恶化及人口压力等。人们开始思考采用这样的发展方式,人和自然是否还能够和谐相处。1972年6月召开的联合国人类环境会议上通过了《联合国人类环境会议宣言》,呼吁全人类为了造福当代人民和子孙后代,维护和改善人类环境。本次会议被认为是"可持续发展"时代的开始。1987年,联合国世界环境与发展委员会发表了关于可持续发展的研究报告《我们共同的未来》,在报告中正式对"可持续发展"这一概念的内涵进行了界定:"可持续发展"是指既满足当代人的需求又不危及后代人满足其需求的发展。1992年6月,各国领导人在联合国环境与发展会议上共同签署了《21世纪议程》,至此,"可持续发展"的理念得到全世界人民的认可,这也标志着可持续发展的科学思想的形成。随后,可持续发展的思想很快被引入农业、经济、社会等多个相关领域。当前,在我国社会发展研究领域,以可持续发展的概念、理论及如何实现可持续发展为问题意识,主要围绕社会与经济的合理平衡问题展开研究。在评价方面,则是实现从理论到实践的转变。以可持续发展理论作为评价研究的理论基础,基本步骤大致包括:①定义评价目标;②确立内部结构;③选择指标;④测量指标;⑤验证指标;⑥得出评价结果[1]。

"可持续发展"在经济学、社会学、生态学及系统学4个不同维度有着侧重不同的理解。经济学中的"可持续发展"主要是指资源的配置;社会学中的"可持续发展"主要从效率和公平的角度进行诠释;生态学对"可持续发展"的认识则是环境与发展的平衡;系统学的"可持续发展"体现了发展度、协调度、持续度三者的平衡。

现阶段,为解决中国优秀女子水球运动员培养过程中的可持续发展问题,培养主体需要从各个方面协调相关要素,如训练、竞赛、文化教育、环境及社会层面等要素之间的关系。目前在研究中国优秀女子水球运动员培养问题上,大部分学者集中于从训练学层面进行水球的技战术研究,较少关注中国优秀女子水球运动员人才培养问题。因此本研究在借鉴其他运动项目关于人才培养的研究成果的基础上,为了凸显"中国优秀女子水球运动员培养的全面发展及可持续发展"的目标,从整体的视角分析与探讨中国优秀女子水球运动员培养过程中的关键性因素、限制条件及彼此之间的相互作用。

---

[1] 叶正波. 可持续发展评估理论及实践[M]. 北京:中国环境科学出版社,2002.

2.1.3 人的全面发展理论

人的存在问题是马克思、恩格斯体育观的前设问题，现代体育正是在这一开始重视人的存在、人的身体价值的时代背景下产生的[①]。在培养优秀运动员方面，人的全面发展理论是马克思主义人才思想体系的核心组成部分，马克思、恩格斯在《共产党宣言》中提出："每个人的自由发展是一切人的自由发展的条件。"[②]马克思认为，人的全面发展是人的最根本、最深刻东西的全面发展，是"作为一个完整的人，占有自己的全面本质"[③]，这既深刻表达了马克思、恩格斯关于人存在状态的价值追求，也再次体现了马克思、恩格斯体育观的理念。基于马克思和恩格斯对人的本质的认识，必然会形成他们对人全面发展的规定。无论是作为普通人，还是优秀运动员，其全面发展都既包括其个人的智力发展，也包括其才能在内的全面发展。在社会中，人的本质是一切社会关系的总和，人的全面发展最终表现为人能力的全面发展[④]。在马克思、恩格斯的体育观中，全面发展的个人是社会历史的产物，个人的全面发展成为人的体育生活形式追求的价值。马克思、恩格斯体育观的意义在于在前人关于身体理论的基础上，深入考察了人存在的现实状态，从而提出了历史唯物主义立场的人的全面发展理论，揭示了人的全面发展的内涵及决定体育发展的社会规律。

人才学将人的培养与成才过程的规律及其特殊矛盾性作为其研究对象，它是一门研究人成才与发展规律的学科。具体而言，这门学科研究人才的运动现象，揭示人才选拔、培养与发展的规律，促进人才培养的科学化，提升培养全面发展的人才质量[⑤]。人才学以马克思主义哲学为理论基础，为人才学研究提供了正确的世界观和科学的方法论。马克思主义关于人的本质、主体性、作用和价值，人的解放、培养、全面发展，以及对人的认识规律等一系列基本问题的论述中提到人是社会的人，人的培养与发展必须在一定的社会环境与条件下进行。研究人才成长和发展规律势必离不开社会环境和条件。同时，培养出的人才，其创造的成果也需要得到社会的承认。中国优秀女子水球运动员的成长和发展规律，必须建立在人才学中对人的成长和发展的基本认识上，必须符合社会人才发展和成长的一

[①] 罗加福, 陈晖. 马克思恩格斯体育观的逻辑进路、主要论域及意义[J]. 成都体育学院学报, 2022（4）：96-103.
[②] 中共中央马克思恩格斯列宁斯大林著作编译局. 马克思恩格斯文集（第二卷）[M]. 北京：人民出版社, 2009.
[③] 中共中央马克思恩格斯列宁斯大林著作编译局. 马克思恩格斯文集（第一卷）[M]. 北京：人民出版社, 2009.
[④] 王伟光. 唯物史观和科学发展观[J]. 中共中央党校学报, 2004（3）：6-12.
[⑤] 叶忠海. 新编人才学通论[M]. 北京：党建读物出版社, 2013.

般规律。只有对人才科学理论理解透彻，才能深入了解并解决中国优秀女子水球运动员的培养问题。

马克思、恩格斯提出的关于人的全面发展理论的内涵可以概括为，人的全面发展是指人的本质和特性的全面发展，它主要包括人的劳动能力、社会关系、人的需要和自由个性等方面的全面发展。实现人的全面发展，即实现人的需要得到满足，人的能力有所提高，人的社会关系愈渐丰富，人的个性自由发展。从这四者的关系来看，它们是相互联系、相互作用及相互制约的有机整体。以人的全面发展为目标导向，规定了中国优秀女子水球运动员培养的根本目标和本质要求。马克思主义关于人的全面发展理论，从根本上奠定了中国优秀女子水球运动员培养教育的理论基石，是实现新时代中国优秀女子水球运动员培养的现实出发点和归宿，也是优秀运动员培养的根本目标。

2.1.4 运动员培养一般理论

运动员培养一般理论主要反映运动员培养全过程的活动内容，它来源于运动训练理论与方法[①]。这一提法对人们来说可能相对较为陌生，主要是因为现有的运动训练学等学科更多的是描述教练员与运动员的训练活动问题，并未完全涵盖运动员培养过程这一内容。但在实践活动中，运动员作为运动训练活动的核心和主体，其培养问题应当在整个训练活动中占有十分重要的地位。

回望苏联及其他国家在运动员培养一般理论上所作出的贡献，从19世纪末20世纪初开始，逐渐形成了运动训练理论与方法。苏联创建的国立中央体育学院、中央体育科学研究所及《体育理论与实践》这一理论期刊，为运动训练理论与方法的发展奠定了前期的基础。之后，多学科的发展介入运动训练过程中以后，各国关于运动训练理论与方法的科学研究水平也逐步提高。到20世纪20年代，出现了运动训练系统方法的一般理论研究，这些研究主要是从技术到全年训练方法的安排，从训练过程中的现象到规律的提炼。

在构建竞技运动理论学科的过程中，运动员培养系统这一内容是重中之重。在马特维也夫出版的《竞技运动一般理论》[②]、《竞技运动一般理论及其实用观点》[③]，

---

① 姚颂平，吴瑛，马海峰."运动员培养一般理论"学科的发展与奥运备战[J]. 上海体育学院学报，2020，44（1）：1-11.

② MATVEEV L P. General theory of sport[M]. Moscow: Military Publishing House, 1997.

③ MATVEEV L P. General theory of sport and its applied aspects[M]. Moscow: M.F.I.P. Publishing House, 2001.

以及普拉托诺夫出版的《奥林匹克运动中的运动员培养系统》[①]中都提到了关于运动员培养的问题。因此姚颂平等[②]提出运动员培养系统大致包括运动训练子系统、运动竞赛子系统及运动训练保障子系统（图2-1）。

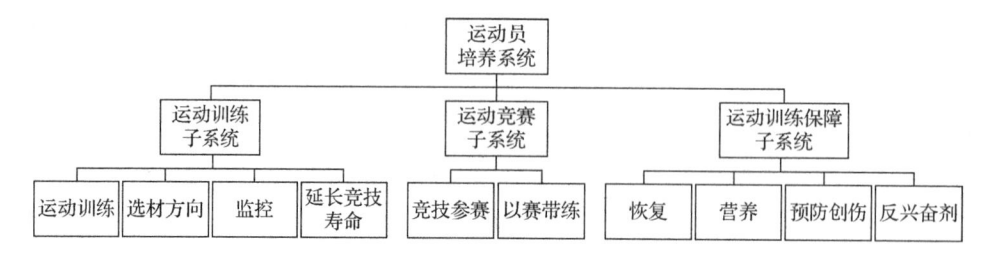

```
                      运动员
                      培养系统
        ┌───────────────┼───────────────┐
     运动训练         运动竞赛        运动训练保障
      子系统           子系统           子系统
   ┌───┬───┬───┐     ┌───┬───┐     ┌───┬───┬───┬───┐
  运动 选材 监控 延长   竞技 以赛    恢复 营养 预防 反兴
  训练 方向     竞技   参赛 带练              创伤 奋剂
               寿命
```

图 2-1　运动员培养系统

随着现代社会经济的发展，竞技体育同样处于动态变化中。社会对培养运动员提出了新的要求，且由于参与运动训练的人员变化，运动训练的参与者不再仅仅是运动员和教练员，运动训练过程也不仅仅有训练和比赛，运动训练讨论的问题也不仅仅停留在技战术、训练负荷等层面。因此，笔者认为在中国优秀女子水球运动员培养过程中，运动员培养的问题已经不仅仅局限于运动训练、运动竞赛及运动训练保障3个方面，还应该包括除"训练""竞赛"以外的其他方面，如运动员的综合素质、文化教育、健康情况及社会影响力等。全面且综合地从不同方面去衡量中国优秀女子水球运动员的培养效果，无疑是对运动员培养一般理论的进一步完善。

综上所述，本研究基于以上4个理论，将系统科学理论的可持续发展系统应用于对中国女子水球运动员培养问题的分析。采用系统思维的方式，从系统的观点出发，将中国女子水球运动员的培养看作一个巨大的系统，该系统的内部又包含了多个子系统，对系统的整体、部分、内在结构，以及各部分的功能与作用进行综合研究。同时，对学者过往归纳总结的运动员培养系统（图2-1）进行进一步更新和完善，利用可持续发展系统的思路，对中国女子水球运动员的培养问题进行系统分析与评价，最终形成可持续发展系统的管理与控制模型（图2-2[③]）。

---

① PLATONOV V N. System of preparation of athletes in Olympic Sports[M]. Kiev: Olympic Literature, 2004.
② 姚颂平, 吴瑛, 马海峰. "运动员培养一般理论"学科的发展与奥运备战[J]. 上海体育学院学报, 2020, 44（1）: 1-11.
③ 梁伟, 刘新民. 校园足球可持续发展系统的构建与解析[J]. 西安体育学院学报, 2015, 32（3）: 380-384.

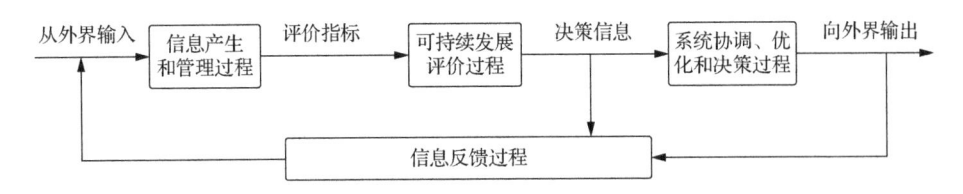

从外界输入 → 信息产生和管理过程 → 评价指标 → 可持续发展评价过程 → 决策信息 → 系统协调、优化和决策过程 → 向外界输出

信息反馈过程

图 2-2 可持续发展系统的管理与控制模型

2.2 国内外研究现状

"运动员培养"属于"人才培养"的下位概念，是"人才培养"这一大范畴内的一个分支。以"运动员培养"为主题词进行文献检索，就目前从中国知网对文献检索的计量学分析情况来看，最早关于"运动员培养"的研究是学者任海[1]对田径运动员的"早衰"原因进行的研究与分析，他指出这一现象对竞技体育后备人才的可持续发展产生了极大的影响。这是我国较早对"运动员培养"这一主题进行的相关研究。随后在2008年，相关研究的年发文量达到峰值，随后下降；但从整体上看，关于运动员培养的研究较为薄弱，这一现象并不利于我国竞技体育人才培养的可持续发展。

2.2.1 关于运动员培养模式的研究

2.2.1.1 国内运动员培养模式相关研究

"运动员培养模式"属于"人才培养"的下位概念，它是对运动员这一特定职业类型的培养方式和特点的概括性描述[2]。在现有的研究中，我国竞技体育关于运动员的培养模式主要是"举国体制"下的"三级训练网"模式。在"三级训练网"的不同级别中，各自又存在相对应的培养模式。在运动员培养的初级层面，柳鸣毅等[3]对中国体育运动学校的嬗变历程、现实问题及如何治理进行了相关研究。研究认为，体育运动学校存在着运动员学训矛盾、管理滞后及办学理念陈旧等问题，

---

[1] 任海. 对七十年代初我国优秀少年田径运动员的调查及对其"早衰"原因的探讨[J]. 体育科学，1982，2（1）：21-39.
[2] 刘青. 提高我国网球女子双打竞技水平的系统分析与策略研究[D]. 成都：西南交通大学，2006.
[3] 柳鸣毅，但艳芳，张毅恒. 中国体育运动学校嬗变历程、现实问题与治理策略研究[J]. 体育学研究，2020，34（3）：64-77.

因此提出体育运动学校应从政策、人才培养、团队建设、布局层次等方面实施"精准化"培养。在初级层面对运动员的培养过程中，已经不仅仅是单一的体育运动学校这一培养模式，更包括了以企业为主体的培养，以及以非营利组织及"体教融合"为主体的培养等新型培养模式。关于这些培养模式，陈洪[1]从边缘革命视角提出了基础竞技体育人才培养的3个典型成功案例，并通过成功的案例提出启示，他认为"三级训练网"需要社会力量进行补位，且初级层面的制度变迁代表了竞技体育人才培养方式变革的方向。此外，在初级的人才培养机制建立方面，政府需要完成"非直接生产"向"参与供给"的角色转变，并且需要建立合作以降低潜在的、不确定的利益纠葛风险。在"三级训练网"的中级阶段，对应的是体育工作队（以下简称体工队）这一培养模式，这是最具中国特色的一种传统运动员培养模式[2]。我国的专业队以省级占主导，且资金相对雄厚，场地器材等硬件设施相对较为完善，优质的教练员资源相对集中。因此这种模式对于运动员获取优异的运动成绩来说，无论是从财力、物力还是人力上看都具有优势。但这种模式也存在一些不足，这些不足并不利于运动员的全面发展。获得关注的运动员毕竟是少数，对于大多数运动员而言，除运动训练以外的其他方面的学习和发展也会受到这一模式的制约。因此对于青少年运动员而言，社会力量的培养，甚至运动员"单飞"的培养模式都是对传统培养模式的进一步补充。在"三级训练网"的高级阶段，对应的是国家队层面的运动员培养问题。杨桦[3]指出，体育进入了发展的机遇期和改革的攻坚期。关于国家队运动员的培养，打破了单一的国家队设置，形成多支国家队，以便形成队伍和队伍之间良性竞争的状态。

2.2.1.2 国外运动员培养模式相关研究

陈作松等[4]根据我国现有运动员培养模式中存在的弊端，提出为备战东京夏奥会和北京冬奥会，我国借鉴了国外运动员长期发展模式（Long Term Athlete Development Model，LTAD模式）的经验。LTAD模式由加拿大运动科学家伊斯

---

[1] 陈洪. 边缘革命视角下竞技体育后备人才培养的基层实践研究[J]. 武汉体育学院学报, 2018, 52（1）: 36-41.
[2] 刘占捷. 中国青少年网球运动员培养模式研究[J]. 广州体育学院学报, 2019, 39（2）: 88-90.
[3] 杨桦. 体育改革：成就、问题与突破[J]. 体育科学, 2019, 39（1）: 5-11.
[4] 陈作松, 吴瑛, 缪律. 深化体教融合背景下我国运动员选材和培养的发展机遇与创新策略[J]. 武汉体育学院学报, 2021, 55（9）: 74-78, 87.

特万·贝利于 1990 年首次提出，并被视为人才培养的第一步[1][2][3][4][5][6]。LTAD 模式跳出了早期终结性评价和终身一项的思维，将选材年龄延长到青少年时期，在更长的选材过程中通过动态筛选确定专项，为社会组织、俱乐部及大中小学校参与后备人才选材和培养提供了时间与空间上的保证。随后，美国在 LTAD 模式的基础上，提出了"美国发展模型"[7]。田慧等[8]对欧洲优秀足球后备人才培养模式进行了相关研究，研究主要以足球世界杯冠军国家为研究对象，分析和总结这些国家优秀足球运动员人才培养模式及青训的相关问题。研究认为，不同国家在足球人才培养模式上主要分为 3 种，即青训机构培养模式、学校培养模式及足球学校与俱乐部联合培养模式。该研究对我国竞技体育人才培养的启示在于，竞技体育人才培养的初始步骤是完善选材指标体系、建立专业培训机构以提高青少年运动员专业训练水平及壮大高水平教练员团队。刘占捷[9]在《中国青少年网球运动员培养模式研究》中提到国外青少年网球运动员的培养模式多是以"个人—家庭"培养为主，在这一模式下需要的训练环境、个人天赋及财力物力的支撑的确是竞技体育人才培养过程中非常现实的问题。

2.2.1.3 研究评述

从培养模式这一角度来看，不同层级的培养模式存在着不同的问题。在竞技体育中，对运动员的培养目标已经不仅仅是获取优异运动成绩这一单一指标，而是要求运动员在保持优异运动成绩的同时，认识到自身首先作为"人"这一角色

---

[1] 卢文云，陈宁．龚文平. 英国高水平竞技体育人才培养的 LTAD 模式研究[J]. 体育与科学，2013，34（5）：62-68.
[2] BALYI I, HAMILTON A. Long-term athlete development: Trainability in childhood and adolescence. Windows of opportunity. Optimal trainability[J]. Olympic coach, 2004, 16 (1): 4-9.
[3] BALYI I, WAY R, HIGGS C. Long-term athlete development[M]. Champagne: Human Kinetics, 2013.
[4] FORD P, DE S C M, LLOYD R, et al. The long-term athlete development model: physiological evidence and application[J]. Journal of sports sciences, 2011, 29(4):389-402.
[5] LIGHT R L, LANG M. Interpreting and implementing the long term athlete development model: English swimming coaches' views on the (Swimming) LTAD in practice[J]. International journal of sports science and coaching, 2010, 5(3): 413-419.
[6] LLOYD R S, OLIVER J L. The youth physical development model: A new approach to long-term athlete development[J]. Strength and conditioning journal, 2012, 34(3):61-72.
[7] USOC. American development model [EB/OL]. [2023-03-10]. http://www.Teamusa.org/About-the-USOC/Athlete-Development/Coaching Education/American-Development-Model.
[8] 田慧，王敏，亓顺红，等. 欧洲优秀足球后备人才培养模式与启示[J]. 体育科学，2020，40（6）：16-23，48.
[9] 刘占捷. 中国青少年网球运动员培养模式研究[J]. 广州体育学院学报，2019，39（2）：88-90.

应该接受的更为全面的教育和发展的问题。这是新时代对竞技体育人才培养的新目标。在这一目标下，各层各级的培养模式也相应发生转变或增补，以适应新的培养目标。在中国女子水球这项运动中，各层级的培养模式还有待于进一步完善和补充，不能完全依靠传统的"三级训练网"的培养模式，而是需要模仿和借鉴其他开展较为成熟的运动项目的多元培养模式来培养优秀女子水球运动员，这更有利于优秀女子水球运动员及水球运动项目在我国的进一步发展。

2.2.2 关于运动员培养体系的研究

2.2.2.1 国内运动员培养体系相关研究

竞技体育在追求优异运动成绩的过程中，需要一个科学、合理的运动员培养体系作为保障和支撑，如何构建科学、合理的运动员培养体系应成为我国发展竞技体育的关键问题。运动员培养作为一个复杂的系统工程，是竞技体育中十分重要的环节，也是为训练、竞赛及后备人才梯队建设作储备的重要举措。从我国运动员培养的发展历程来看，分为了初级、成长、基本成熟及创新改革4个阶段，这4个阶段所取得的效果是有目共睹的[1]。但随着社会经济的转型与发展，原有的运动员培养体系已经不能满足现有的培养目标，因此针对运动员培养方式的国家化与专业化，学者们提出了运动员培养方式社会化以满足社会对于运动员培养的新诉求[2]。目前关于我国水球项目的相关研究主要集中在技战术、竞技能力提升等方面，关于优秀女子水球运动员培养相关主题的研究较为单薄，对科学合理的培养体系的构建还值得进一步思考。但在项目实践过程中发现，水球项目在我国开展的时间晚于欧美国家半个世纪，项目群众基础较差，开设的经济成本和技术要求较高，导致这个项目目前选材困难、选不到材，大多数运动员都是从其他运动项目转项而来的。因此"人才"问题是该项目目前运动成绩无法进一步提高的主要原因。

此外，在水球运动员培养过程中，还存在运动员的"逆淘汰"现象。"逆淘汰"最初是由英国差异心理学之父弗朗西斯·高尔顿提出的。他认为，现代文明包括科学技术、法律、宗教、伦理道德等，它们可能会创造这样一种环境，在这种环境下，不仅一些被认为身心俱健的"适者"能生存繁殖，还使一些被认为应属于

---

[1] 赵西英,程传银.基于战略管理视角的高水平运动员培养机制研究[J].西安体育学院学报,2012,29(2):153-158.
[2] 刘青,郑宇,何芝,等.我国优秀运动员培养方式社会化研究[J].中国体育科技,2008,44(3):3-9.

被淘汰的弱者也得到生存,甚至繁殖的机会,这样势必增加人群中被淘汰的弱者,最终严重削弱人类遗传素质。在竞技体育人才培养中,学者们将优秀运动员的"逆淘汰"定义为:优秀运动员或有潜质的运动员因为种种因素中止了自己的竞技体育生涯,造成大量体育人才的流失,使我国竞技体育人才或优秀后备人才资源出现匮乏状态,使我国的大众体育及竞技体育事业的发展势头被削弱[1]。我国水球项目同样存在着严重的"逆淘汰"现象。水球项目从最初只有男子项目,到国家组建女子水球队,各省(自治区、直辖市)纷纷响应号召,建立了各自的省市队伍。从全国范围来看,在这一阶段参与女子水球项目的注册运动员人数非常少。相较于同时期的其他球类项目而言,参与水球项目的运动员寥寥可数。但就在这寥寥可数的运动员中,仍然存在着严重的"逆淘汰"现象,即运动员们因为各种因素中止了自己的竞技体育生涯,这使本就人才贫瘠的水球项目发展得更为艰难,各级各层的教练员存在选材困难、选不到好苗子的情况。人才的不断流失,使国家队层面一直频繁处于"新老交替"这样一种不稳定的状态。对于一个球类运动而言,队伍人才的不稳定,梯队建设层次不清晰,都会影响该项目运动成绩的提高。同时,在实践过程中发现,尽管我国模仿借鉴了欧美水球优秀人才培养模式,通过高校、俱乐部等方式推广普及水球项目,目前在参与这项运动的人数上有了一定的突破,但由于缺乏科学、系统且可持续发展的水球运动员培养体系,即使参与该项目的人数增加了,也没有为竞技水球人才的输送作出实际的贡献,即形成了"基层"与"中、高层"两条平行的培养路线,并未达到协同发展、互相促进的效果。基于此,笔者对水球项目"逆淘汰"现象进一步进行思考、归纳和总结后认为,构建从选材、训练、竞赛等运动训练竞赛系统到学习、健康、综合素质等多维度及上下层级分明的水球运动员培养评价体系,从而为当前培养过程中的"短板"找出客观依据。

2.2.2.2 国外运动员培养体系相关研究

纵观美国竞技体育人才培养的整个历史发展进程,以"学训兼修"作为竞技体育人才培养的理念,以运动员的学业优先、教育为主,严格把控学生运动员的文化学习及考试成绩,这为运动员的就业提供了基础准备。这样的培养理念贯穿其职业队与大学、中学的人才选拔和输送路径中,其培养原则、制度、产业联动

---

[1] 韩永红,秦纪强. 我国优秀运动员"逆淘汰"影响因素与评价模型——基于WSR方法论[J]. 南京体育学院学报(社会科学版),2013,27(6):123-128.

发展机制产生的经济效应等各方面形成了多维度多层面的纵横交错的竞技体育人才培养系统[1][2][3][4]。对于冬季项目，美国仍然利用其竞技体育人才培养的优势，获得了辉煌的成就。这些优异运动成绩的获取离不开其丰厚的后备人才储备、清晰的运动项目路径及畅通高效的运动员培养体系[5]。

足球是德国的优势项目。德国青少年进行足球训练坚持以学校和业余俱乐部为基础，各自又有自己的分工。在对青少年运动员培养的过程中，过硬的文化知识、健全的人格及良好的品格是培养过程中的重中之重。在德国的竞技体育人才培养中同样也存在最终只有少数人能够走向职业道路的现象。对于大部分不能走向职业道路的运动员，其出路问题主要的解决方法包括：第一，主动变革，客观认识自己没有成为精英球员的天赋，并重新规划自己的职业生涯；第二，参与足球训练只是教育的一部分，重点培养青少年运动员遵守规则纪律并信守承诺等品格[6]。

英国作为资本主义国家，形成了较为完善的政治、经济制度，其足球项目与美国的球类项目和德国的体操项目共同构成了现代体育运动的起源。从英国竞技体育人才培养体系来看，其后备人才培养主要包括参加学校培养、校外培养及俱乐部培养 3 种途径。在低水平阶段，主要由个人自费参与运动训练；在高水平阶段，主要由国家理事机构提供相关保障，运动员可通过获得奖学金参与训练，且文化教育和职业规划贯穿运动员的整个生涯[7]。

在亚洲范围内，日本为备战东京奥运会，同样也对运动员培养体系进行了进一步的完善。日本通过拓宽奥运选手的来源渠道，建立了全国人才挖掘网络，在全国范围内成立从大学到都道府县再到体育协会的"竞技体育人才发掘的联合体"；同时，日本吸纳外籍运动员，包括让父母一方有日本血统的混血运动员代表

---

[1] 孙凤龙，姜立嘉，张守伟. 特征与启示：美国学生篮球运动员培养体系[J]. 沈阳体育学院学报，2018，37（6）：120-124，131.
[2] SMITH R A. Pay for play: A history of big-time college athletic reform[M]. Champaign: University of Illinois Press, 2011.
[3] DUDERSTADT J J. Intercollegiate athletics and the American university: A university president's perspective[M]. Ann Arbor: University of Michigan Press, 2003.
[4] 池建. 美国大学竞技体育管理[M]. 北京：人民体育出版社，2005.
[5] 张建会. 美国冬季运动项目发展实践及其模式借鉴[J]. 北京体育大学学报，2020，43（2）：83-95.
[6] 袁田. 新校园足球发展的新困境及新思路——德国青少年足球运动员培养对我国校园足球的启示[J]. 武汉体育学院学报，2018，52（2）：76-81.
[7] 王英峰. 英国竞技体育管理体系研究[J]. 沈阳体育学院学报，2013，32（5）：21-25.

日本参赛，但其前提是向这部分外籍选手提供非常具有吸引力的保障体系。在整个竞技体育人才培养过程中，日本的教育、职业保障等相关配套政策一直贯穿运动员培养的整个过程中，从而使更多人愿意参与到竞技体育中，不至于因练体育而无法获得其他技能和知识[1][2][3]。

2.2.2.3 研究评述

从现有的文献梳理与分析来看，我国现行的运动员培养体系中存在以下问题：运动员选拔标准过于主观，即选拔机制不完善；运动员保障力量薄弱，即保障体系不合理；运动员学训矛盾问题依然存在，即体教融合运行效果有限。同时，在我国现有的培养体系中，培养体系内外环境不够顺畅；选材制度不够完善；很多运动项目，尤其类似水球这种群众参与程度较低、项目开设成本较大的运动项目，未形成市场化、社会化的运作机制。

对不同国家竞技体育人才培养体系的成功之处进行总结和归纳发现，不同国家对竞技体育人才的培养，在基础阶段对青少年运动员的培养，都离不开文化教育、职业规划及保障。随着训练过程的推进，开始出现人群分流的情况，即逐渐有一部分群体认识到自己未来成为精英运动员的天赋有限，于是选择回归到普通人的生活。由于这部分人在青少年阶段受到的教育和普通学生差异不大，所以不影响他们重新进行职业规划。最终能成为精英运动员的那一部分群体则在职业体育这条路上继续发展，追求更优异的运动成绩。这种培养体系对于我国当前处于体育强国建设背景下、深化体制机制变革期的竞技体育人才培养具有一定的启示。

2.2.3 关于运动员培养评价的研究

从近年来关于竞技体育人才培养发展的规划与政策来看，在对竞技体育人才培养的评价上发生着明显的变化。阳艺武等[4]以《体育事业统计年鉴》为依据，对我国体育系统竞技体育后备人才培养数据进行了统计与分析。研究认为，从当前人才培养状况来看，原有的单一的"三级训练网"培养模式正在被打破，系统内

---

[1] 白银龙，舒盛芳，聂锐新. 日本备战东京奥运会主要举措及启示[J]. 体育文化导刊，2019（12）：89-96.
[2] 胡启林. 日本竞技体育发展策略研究[J]. 武汉体育学院学报，2017, 51（6）：95-100.
[3] 景俊杰，肖焕禹. 21世纪日本体育政策的发展及启示[J]. 上海体育学院学报，2014, 38（1）：31-35, 40.
[4] 阳艺武，吕万刚，郑伟涛. 我国竞技体育后备人才培养现状与发展评价[J]. 上海体育学院学报，2015, 39（3）：44-49, 74.

纵向、横向联系在不断拓展、深入。原有的单一的系统正在逐渐向综合了"体育系统""教育系统""社会系统""家庭系统"的多元化系统转变。商勇等[①]对高校高水平运动员的综合素质进行了评价研究。通过采用层次分析法（Analytic Hierarchy Process，AHP）建立综合评价指标体系，最后构建了关于高校高水平运动员综合素质的评价体系。研究认为，高校高水平运动员综合素质的评价能够反映高校高水平运动员的优势与劣势，从而为高校高水平运动员的管理提供一定的参考依据。

目前关于运动员培养评价的研究相对较为薄弱，相关研究仅仅停留在对运动员竞技能力的某一方面进行评价，如对运动员心理能力的评价，而没有站在运动员培养的可持续发展的视角对运动员培养的效果进行全面的评价。这导致相关人员在对某一项目的运动员进行培养时，并不能十分客观地了解该项目运动员培养过程中的短板在哪里，而在我国女子水球项目的相关研究中更多的是集中在从训练学的角度去研究运动员的技战术问题，较少地从社会学、管理学及教育学角度去研究运动员培养的效果问题。但实践发现，运动员成才往往不是某一方面的问题，而是多学科交叉综合的问题，因此本研究将从这一方面进行进一步思考。

2.2.4 关于运动员培养影响因素的研究

运动员从儿童青少年阶段到最终成为优秀运动员，这个培养的过程是漫长的。在这漫长的过程中存在着多种多样的因素导致运动员最终不能成为优秀运动员或者提前结束自己的职业生涯。从文献的梳理和分析来看，不同学者从不同角度对运动员培养过程中的影响因素进行了研究。其中，陈祥岩[②]从运动员整个生命历程的角度，以社会化、人力资本为理论基础，对优秀运动员的培养进行了研究。她认为，运动员经历的社会重大事件、所处的时空环境、社会制度、进入专业队这一人生转变等因素都对优秀运动员的个体发展产生一定程度的影响。优秀运动员在一定的政治、经济、文化等客观条件下成长、成才，社会大环境为优秀运动员的成长提供了良好的大环境和历史机遇[③]。在这样的大环境与历史机遇下，家庭背景、居住和学习环境、社会因素、经济因素对优秀运动员的培养也起着非常重要

---

① 商勇，宋述光，娄德玉. 高校高水平运动员综合素质社会评价与培养体系[J]. 中国石油大学学报（社会科学版），2013，29（5）：177-181.
② 陈祥岩. 优秀运动员的生命历程研究——基于个案的叙事探究[D]. 上海：上海体育学院，2013.
③ 陈兰波. 我国优秀篮球运动员的成长与培养[D]. 苏州：苏州大学，2006.

的作用[①②]。胡亚斌[③]基于利益相关者理论,对优秀运动员培养进程中的影响因素进行了分析,认为只有通过对相关利益主体的剖析,才能深入了解运动员培养进程中的现实基础、矛盾困境及未来的发展思路。此外,从优秀运动员成长与培养的教育学角度看,运动员对项目的理解与认识程度、素养的获得、对技战术思想的领会、心理稳定性与运动员的知识结构有着直接的关系[④]。因此,加强优秀运动员文化教育成为当前必不可少的一项工作,这是对运动员竞技能力中运动智能的培养。文化教育有助于提高运动员的认知水平,培养他们的运动技术能力、自我训练意识,获得比赛经验、体育学科知识等,从而有利于运动员获取优异运动成绩[⑤]。从运动员培养过程来看,由于对运动员培养过程的要求较高,根据运动项目特征的不同,一位具有天赋的苗子需要8~10年的训练过程才可能成为优秀运动员,而这8~10年也是运动员接受文化教育的黄金时期。因此,对于运动员的培养应该具有双重目标和双重过程这样两大鲜明特点[⑥]。

综上所述,不同学者从不同视角对培养运动员这一复杂过程中的影响因素进行了研究和分析。从学者们的研究中可以发现,在当前体育强国建设背景下,培养目标的"全面性"要求日益凸显,不仅要求运动员取得优异的运动成绩,还要求运动员全面发展以适应社会的需要。基于培养目标的新要求新期望,影响优秀运动员培养目标的主要因素变得更为复杂,且培养运动员过程中各影响因素之间的相互关系的研究较为薄弱,特别是针对水球项目,"运动员培养问题"主题下所涉及的相关研究需进一步完善,而不是单单停留在对技战术或竞技能力这一训练学视角。同时,结合管理学的视角研究中国优秀女子水球运动员的培养问题,更有利于中国女子水球的运动成绩得到进一步提高及水球运动在我国的良性发展。

2.2.5 已有研究文献的可视化分析

2.2.5.1 运动员培养相关研究的可视化分析

纵观世界各国不同运动项目的竞技体育人才培养过程,无论是人才培养体系、

---

① 张在宁,谭长青. 影响少年体操运动员成材的非训练因素[J]. 南京体育学院学报,1999(3):13-15.
② 蒋叶飞,吴黎. 我国高水平击剑运动员成才规律分析[J]. 体育科技文献通报,2009,17(6):26-28.
③ 胡亚斌. 利益相关者理论视角下中国网球运动员培养机制的研究[D]. 北京:北京体育大学,2012.
④ 张传义,毕务萍. 现代篮球运动员的竞技能力特征[J]. 山东体育学院学报,2000(4):68-70.
⑤ 周志雄,王保成. 影响我国青少年田径运动员成长因素的研究[J]. 首都体育学院学报,2005(3):25-27.
⑥ 于芬. 对高水平学生运动员培养体系的探讨——清华大学跳水队实证研究[D]. 北京:北京体育大学,2007.

人才培养模式，还是人才培养理念，都并非一蹴而就的，均有其发展的演变过程。本研究将相关文献进行了可视化分析，其中包括对1590篇相关研究文献的主题词共现和聚类分析及作者合作网络分析。本研究将从"发文数量与趋势""作者分布与合作""主题关键词共现""主题关键词聚类分析"等方面进行可视化分析。通过对中国知网的文献进行检索，得出运动员培养相关文献检索策略，如表2-1所示。

表 2-1 运动员培养相关文献检索策略

精炼条件	内容
时间跨度	1949—2024 年
检索格式	主题="运动员"或"优秀运动员"和"培养"或"培养模式"或"培养体系"或"培养机制"或"培养评价"或"培养影响因素"
文献类型	期刊论文
研究领域	体育科学
语种	中文
精练结果	1590 篇

1992—2024年的发文总体趋势图

作者合作网络图

主题关键词共现图

（1）发文数量与趋势。运用中国知网期刊数据检索了体育科学领域1949—2024年70多年间关于运动员培养的相关研究文献，得到发文总体趋势图（扫二维码）。由于最早的相关文献于1992年发布，所以图中年份最早节点为1992年。从所选文献中可以发现，关于运动员培养的相关研究文献一直较为薄弱。

（2）作者分布与合作。由作者合作网络图（扫二维码）可以看出，样本文献的作者合作网络节点数为479，连线有526条，网络密度为0.0046，整体网络密度较低，呈现大分散、小集中的特点。这表明我国竞技体育人才培养领域各合作团队研究水平差异较大，合作性不强。从可视化分析的情况来看，以刘青、于芬、潘前等学者为主要代表。

（3）主题关键词共现。关键词是文献的核心，是对研究主题的高度概括，同时也反映了不同学者的研究方向与核心观点。通过对"运动员培养"这一研究领域相关主题文献的关键词进行共现分析，可以较为直观地了解运动员培养相关的研究热点。从主题关键词共现图（扫二维码）中可以看出，关于"运动员培养"的相关研究成果并不多，主要与"体教结合"等主题相关联。

（4）主题关键词聚类分析。本研究将时间切片设置为 1949—2024 年，每 1 年为 1 个分区，设置 Top N(50)。从主题关键词聚类分析图（扫二维码）中可以看出，关键词有 570 个，连线有 2021 条，网络密度为 0.0081，模块性指标 Q 值为 0.504，表示聚类结构显著；Mean Silhouette=0.8122，表示聚类类型合理，能够反映我国竞技体育人才培养相关研究的总体概况。基于软件分析，共聚了 13 大类，从词频排名顺序来看，依次是"竞技体育""后备人才""中国""培养"，其中心性分别为 0.51、0.20、0.11 和 0.15，说明这些均为重点研究主题且均为当下研究热点，但关于"培养评价"的研究较为薄弱。

主题关键词聚类共现图

2.2.5.2 水球运动相关研究的可视化分析

以"水球""竞技水球"为关键词，首先对水球这项运动的相关科研成果从"发文数量与趋势""作者分布与合作""主题关键词共现"等方面进行可视化分析。从世界水球科研文献发文量统计图（扫二维码）中可以看出，水球这项运动于 2008 年发文量逐渐达到巅峰，主要是因为女子水球项目首次进入奥运会，因此在这一阶段涌现出大量关于水球项目的相关研究，但整体而言，总的发文量不容乐观。

世界水球科研文献发文量统计图

从水球项目相关研究的作者合作网络图（扫二维码）来看，主要集中于刘卉等相关学者对水球技术的生物力学分析、王卫星等相关学者对水球项目中的体能分析，以及殷劲等相关学者对水球生理生化相关指标的监控。各研究团队之间合作性较差，需要进一步提升各研究团队之间的合作性。

水球项目相关研究的作者合作网络图

从水球项目相关研究的主题关键词共现图（扫二维码）来看，词频较高的部分仍然集中于从训练学的层面研究世界各优秀水球队运动员的竞技能力、比赛特征及各优秀队伍的技战术等方面。此外，还包括运动员在训练与参赛期间所安排的膳食营养问题、水球运动员的运动损伤及睡眠模式等相关研究，针对水球运动员培养的相关研究则较为薄弱。在实践过程中发现，从管理学这一视角，对运动员的选拔、培养、管理及运动项目的可持续发展进行研究才是保障运动员竞技能力提高及获取优异运动成绩的基础。

水球项目相关研究的主题关键词共现图

2.3 研究评述

综上所述，从对前人研究成果的梳理、归纳与总结及文献可视化分析结果来看，学者从不同的理论及角度对不同运动项目关于运动员培养进行了系统和广泛的研究。研究主要集中于各个运动项目运动员的培养模式、培养体制机制及培养体系等相关问题，但关于运动员培养效果的研究较为薄弱，培养效果的评价研究主要是从训练学层面评价各个运动项目运动员竞技能力提升情况。基于运动员全面发展的视角评价运动员培养的研究是当前该研究主题下的重大缺口，而恰恰在运动员培养过程中对当前培养效果的把握和客观评价是后续如何培养的重要依据。因此，以中国优秀女子水球运动员培养效果的评价及影响因素研究作为该主题下的突破与创新点，回顾过往培养状况的同时，总结过往培养存在的问题，并对当前中国优秀女子水球运动员的培养进行综合评价，以此作为后续培养依据，调整后续培养的重点方向。

小　结

本部分为中国优秀女子水球运动员培养研究的理论部分。根据研究所需，对系统论、可持续发展理论、人的全面发展理论及运动员培养一般理论的起源、内涵及外延进行了分析，并对国内外相关研究进行了梳理和分析，厘清相关研究的空白点和薄弱点。通过对相关理论及文献的梳理与分析，本研究将结合所依据的理论基础在后续研究中进行理论模型构建，对后续研究具有一定的理论支撑作用。

3. 中国优秀女子水球运动员培养的历程、现状与存在的主要问题

【内容提要】 本部分对中国优秀女子水球运动员的培养历程、现状及存在的主要问题进行梳理和分析。水球运动在我国的开展并不普及，且没有较为系统的历史资料，因此本研究在查阅文献的同时，部分研究内容将基于口述史研究法梳理和分析中国优秀女子水球运动员培养的历程。

3.1 中国女子水球运动员培养的历程

中国优秀女子水球运动员的培养是一个逐步演进的历史过程。中国女子水球队最早于1998年成立于上海，由于种种历史原因，该组织于2000年解散，后借助2008年北京奥运会契机得以重新组建。中国女子水球项目重组之初，由国家体育总局统筹，各省市从不同运动项目（主要是游泳项目）中挑选运动员组建各省市女子水球队，在此基础上选拔、组建国家女子水球队。梳理中国优秀女子水球运动员培养的历程，有助于更好地把握和了解中国优秀女子水球运动员培养过程中所存在的问题及其根本原因。对中国女子水球运动员培养的不同历史阶段进行划分，其划分的主要依据在于其培养过程中的重大历史事件。

3.1.1 萌芽阶段（1991—2000年）：水球项目的理论建设及女子水球项目传入中国

据文献记载，水球运动最初于18世纪在英国诞生。1884年，水球被正式定名并在欧洲很快普及。1900年，在第2届奥运会上，男子水球被列为正式比赛项目。20世纪20年代，水球运动从欧美传入我国香港、广东一带。1931年，第5届广东省水上运动会成为中国最早举办的正式水球比赛[1]，而这一期间并不存在女

---
[1] 朱海明. 水球运动的里程碑[J]. 游泳，2001（1）：34-35.

子水球项目。水球真正兴起是在20世纪20年代，以美国1926年举办的全美女子水球锦标赛为标志。1991年1月，全国首届业余水球教练员培训班在北京体育大学开设，这是一个在中国水球历史上具有跨时代意义的事件，它拉开了中国水球理论建设的序幕[①]。在此次培训班上，相关管理人员从发展战略的高度提出了"精兵强将"的队伍建设要求，"精兵"主要是指在省市体工队方面，重视水球运动员的选拔和培养；"强将"则是要求同时关注水球教练员与裁判员水平的提高。随后，以北京体育大学张春木等相关学者为代表，完成了青少年水球训练教科书的编写工作。1996年8月，中国体育运动单项史丛书之一，即《中国水球运动史》出版。

在萌芽阶段，中国女子水球队因各种历史、竞赛及管理的因素于2000年解散。通过这段史料可知，关于女子水球运动的文献记载主要来自20世纪90年代，且文献较为零碎，史料记载并不系统。建队初期，由于各方面条件并不完善，这项运动的发展处于"摸着石头过河"的状态，到底该如何发展？用什么样的建制？有没有相关文献的记载？中国女子水球运动存在一系列问题。例如，在对中国女子水球队第一次建队时的队员何×进行访谈时了解到：

1998年第一次组建了中国女子水球队，当时组建队伍是为了第9届全国运动会。当时队里的运动员都是从游泳队转来水球队的，但是运动员的编制依然是保留在游泳队。后来由于第9届全国运动会取消了女子水球项目，换成了女子现代五项。再加上经费及队员编制到底应该继续留在游泳队还是归属到水球队等一系列综合的原因，队伍在2000年解散了。[②]

3.1.2 探索阶段（2001—2017年）：挑选运动员、重建队伍及赛事举办

为备战2008年北京奥运会，国家体育总局游泳运动管理中心从中国女子水球项目发展的现实情况出发，颁布了有利于女子水球项目发展的相关政策文件，文件提出在全国范围内的体育院校组建女子水球运动队，以提高该项目群众参与程度。以此为标志，中国女子水球项目的发展进入探索阶段。与此同时，各省市也纷纷响应建立了相应的高水平水球运动队。从查阅文献的情况来看，关于女子水球项目的历史史料记载较为薄弱，因此本研究仅基于口述史的研究方法对女子水球项目这一阶段的发展进行史料搜集和梳理。在对当时刚组建队伍的成都体育学

[①] 张外安,刘焕新.九十年代我国水球史话(续二)[J].游泳,2000(2):19-21.
[②] 口述者：何×.中国女子水球队第一次建队时的运动员.访谈方式：电话访谈。访谈地点：第14届全国运动会比赛会议室。访谈时间：2021年9月13日。

3　中国优秀女子水球运动员培养的历程、现状与存在的主要问题

院女子水球队主教练田×进行访谈时了解到：

2003年1月，全国首届女子水球比赛在北京体育大学举行，当时共有7支队伍参加比赛，这是中华人民共和国成立以来我国首次正式举办女子水球比赛。在这一阶段，女子水球项目的开展呈现"零星状态"，且这一阶段主要是在全国各体育学院进行建队，如北京体育大学女子水球队、北京钢院附中女子水球队、上海体育学院女子水球队、成都体育学院女子水球队、武汉体育学院女子水球队、沈阳体育学院女子水球队。①

从口述的其他专家教练蒙×和李××的口中得知：

在这一阶段，只有广西女子水球队和广州白云女子水球队具有"三级训练网"的初级阶段特点。②③

不同专家、教练员及这一阶段的历史见证者都从不同角度验证了这一阶段全国各女子水球队伍的发展处于业余性、院校化及建制不清晰的状态。

此外，相关管理人员马××对中国女子水球队再次建队作出了如下介绍：

2004年10月25日是一个值得纪念的日子，中国女子水球队正式成立；2005年，女子水球项目成为第10届全国运动会表演项目；2008年北京奥运会，我国女子水球在建队仅4年的时间之内便取得第五名的好成绩；在2009年第25届世界大学生运动会上，又再接再厉获得了冠军；同年，女子水球项目才被第11届全国运动会列为正式比赛项目。参加本次全国运动会的省份主要有：天津、广西、四川、北京、宁夏；2009年第11届全国运动会之后，又有部分省份相继成立了体工队，如上海、湖南、福建、安徽、辽宁等。在这一时期，"三级训练网"的中级阶段得到一定程度的发展。但总体而言，这一阶段的女子水球运动员培养在体制方面大部分仍然依靠的是"举国体制"下的"三级训练网"模式，只有四川、宁夏和辽宁这3支队伍采取"高校培养"或"高校与地方体育局共建"的培养模式。④

---

① 口述者：田×。四川女子水球队前主教练。访谈方式：面对面访谈。访谈地点：第14届全国运动会比赛会议室。访谈时间：2021年9月14日。
② 口述者：蒙×。中国国家女子水球队主教练员、广西女子水球队主教练员。访谈方式：面对面访谈。访谈地点：第14届全国运动会比赛会议室。访谈时间：2021年9月15日。
③ 口述者：李××。广州市水上运动管理中心水球队领队。访谈方式：面对面访谈。访谈地点：第14届全国运动会比赛会议室。访谈时间：2021年9月16日。
④ 口述者：马××。中国橄榄球协会副部长。访谈方式：面对面访谈。访谈地点：第14届全国运动会比赛会议室。访谈时间：2021年9月17日。

在探索阶段，中国女子水球项目的注册运动员人数从2004年重新建队以来，呈现逐年上升的趋势，这也是解决女子水球项目如何在我国更好地发展这一问题的第一步，即解决参与该项目的人数问题。但在总人数方面，该项目相较于其他发展成熟的球类项目，形势仍然不容乐观。从建队单位的角度来看，在这一阶段主要是天津、四川和广西3支资历较老的队伍的人数最多。其中，四川队采取"高校与地方政府体育主管部门共建"的培养模式，其运动员来自成都体育学院运动训练专业的大学生，且该队在这一阶段进行了梯队建设，共有老、中、青3支竞技水平不同等级的队伍，为该时期的水球运动发展作出了重大贡献；从年龄结构的角度来看，相较于世界水球发展较好、后备力量充足的欧美国家，中国女子水球项目15岁以下年龄段的运动员比重不到35%[①]，15～17岁年龄段的运动员比重超过60%，这说明女子水球项目的发展存在着结构上的失衡；从赛事组织的角度来看，中国女子水球运动在项目发展的初期，由于群众基础薄弱、技战术水平不高及场地设施设备等问题，只有成年组的比赛，而到了这一阶段，随着青少年人数的逐年增加，从2009年开始举办女子水球项目青年组的比赛。

3.1.3 发展阶段（2018年至今）：不同培养模式下的多元化培养

2017年第13届天津全运会之后，考虑到项目可持续发展等问题，在女子水球运动员培养问题上，不再完全依赖传统的"三级训练网"模式，而是探索出了以社会化为主的培养模式。例如，初级阶段通过不断地推广与普及该项目，开始出现俱乐部培养、"个人-家庭"方式的培养；中级阶段则探索出高等院校与省（自治区、直辖市）政府体育部门"联办"的培养模式。这一阶段，新增的培养模式确实在一定程度上增加了参与人数，对该项目的发展起到一定的推动作用。

从历史发展的角度来看，中国优秀女子水球运动员的培养在探索阶段的运动成绩较好，获得了奥运会第五名及世锦赛第二名的好成绩。但女子水球运动员在项目的发展阶段，其运动成绩开始持续下滑。因此对中国优秀女子水球运动员的培养现状从地域分布、培养模式、培养经费、人力资源状况、社会化路径及转项成才情况等方面进行进一步的调研与分析，以整体掌握中国优秀女子水球运动员培养的现状。

---

① 许云前，刘钦龙. 中国女子水球队与世界一流强队的比较分析[J]. 四川体育科学，2009（1）：76-78.

3.2 中国优秀女子水球运动员培养的现状

3.2.1 地域分布

截至2021年陕西全运会结束，中国女子水球项目共有6支建队比较稳定的水球队，包括天津队、广西队、四川队等开展水球项目年限较长的队伍，以及湖南队、上海队、福建队等较为"年轻"的队伍。另外，还包括像陕西队这样作为全运会东道主临时组建的队伍。作为临时组建的队伍，队伍中的大部分队员来自上海队的二线运动员及2022年完成组队的广东女子水球队和山东女子水球队等。这些临时组建的队伍为了某一次重大比赛而建队，比赛完则可能会因运动成绩不理想或其他综合因素而解散。总体上只有天津、广西、上海、湖南、四川及福建这6支队伍属于长期建队且较为稳定的队伍。但即便是像天津、广西、四川这样开展年限较长的队伍，其历史也仅有19年，这对于一个集体球类项目而言时间并不算长，因此在这一过程中运动员的实际参训年限并不长。中国女子水球项目拥有少数的几支省市优秀运动队（亦习惯称"体工队"）；在部分高校开展的水球队较多，但是又基本属于为了某一次比赛临时建队，没有长期稳定地进行训练；社会化培养方面，只有部分省市存在水球俱乐部。从总体分布上来看，明显呈现出不均衡的状态。

3.2.2 培养模式

从不同时代背景下看中国女子水球人才培养模式，由于历史原因，我国竞技体育的发展及竞技体育人才培养仿照了苏联的培养模式。水球项目在我国的开展普及程度不高，群众对该项目不太了解，甚至很多人对这个项目鲜有听闻，因此中国女子水球项目的开展也基本依赖"举国体制"的制度优势。"举国体制"是典型"管办合一"的体制，它依靠财政支持，在体育系统内封闭运行[①]。在这一制度优势下，我国部分省市优秀运动队的女子水球运动员的培养基本形成了"三级训练网"的培养模式，但由于参与人数较少，仍然有部分省市优秀运动队中没有进入国家队进行培养的运动员，或者部分省市仍处于缺乏"三级训练网"的初级培

---

① 徐士韦. 建设体育强国进程中运动项目协会去行政化研究[J]. 成都体育学院学报，2021，47（2）：71-77.

养阶段。初级阶段的运动员基本是从其他运动项目转项而来的，甚至很多省市根本不存在专门用于水球训练的初级培养模式（表3-1）。

表3-1 我国女子水球运动员"三级训练网"培养模式的具体情况

队伍	高级阶段	中级阶段	初级阶段
上海队	有	有	有
天津队	有	有	无
广西队	有	有	有
四川队	有	有	无
湖南队	有	有	无
福建队	有	有	无

自2009年山东全运会之后，在不断探索水球运动项目人才培养模式过程中，我国水球运动项目主管部门意识到：水球竞技人才的培养需要给市场和社会留出空间，在坚持"举国体制"下进行水球人才培养的同时，探索水球人才培养的社会化道路。"社会化"属于社会学范畴，从广义的层面来看，它不仅仅指人的社会化，同时也指社会群体及单元的社会化，是个人从生物人发展成为社会人，不断认识社会、适应社会并积极作用于社会的过程[1][2]。对于"中国优秀女子水球运动员培养的社会化"这一概念主要在于两个方面的理解：一是女子水球参与主体的社会化。其中，项目参与者的广泛性及社会对女子水球项目开展与管理的程度均是评价指标。二是社会大众对该项目的社会化需求程度。纵观世界水球发展较好的国家，其运动员的管理除在代表国家利益的重大比赛时由政府直接干预外，其他情况下都是由社会组织、学校、企业及个人进行培养的，通过广大的群众基础来提高该项目在社会的普及程度，并通过取得优异运动成绩来提升该项目的社会影响力。只有采用一个良性循环的人才培养系统，才能够进一步推动该项目和运动员自身的发展。我国自2003年各省（自治区、直辖市）组建女子水球队以来，在不断探索新的培养模式的过程中，中国优秀女子水球运动员的培养模式开始逐渐多元化，虽然在主体上仍然坚持"举国体制"这一主线，且在主线上不断扩建新的队伍，但同时也开始在"高校培养""社会化培养"等方面不断探索和拓展。

---

[1] 刘红波. 我国竞技体操人才培养的社会化发展[J]. 北京体育大学学报，2012，35（1）：43-46，124.
[2] 刘青，郑宇，何芝，等. 我国优秀运动员培养方式社会化研究[J]. 中国体育科技，2008，44（3）：3-9.

3.2.3　培养经费

笔者在研究访谈中发现，高校培养的运动队与省市优秀运动队在经费支持方面存在较大差异。体制内与体制外的队伍相比，在年总经费及分摊到队伍各个方面的经费、设施及后勤保障等方面均具有较大的差异性，这就导致运动队中不同等级的优秀运动员人数及运动员的运动等级差异性很大。

无论是"高校培养""高校与政府体育主管部门共建"，还是"俱乐部培养"，其经费的投入、享有的资源都无法与省市优秀运动队相匹敌。因此，产出的结果，即在获取优异运动成绩方面出现较大的差异性。特别是到中级阶段和高级阶段，由于后勤保障、经费支持、装备设施及医疗条件的差异性越来越大，科学设备介入运动训练过程的程度也无法相提并论，使高校培养的运动员成为优秀运动员并获得优异运动成绩的概率远远低于省市优秀运动队所培养出的优秀运动员，这也导致了在高校培养的运动员开始出现参训动机及参训态度的转变。例如，运动员的参训动机不再是以获得优异运动成绩为主要目标，而是希望借助"高水平运动员"这一称号去获得更高学历，在这一动机下的参训态度也明显不再积极，当获得更高学历的就读机会以后就不想再继续参加训练；运动员在训练过程中思考的不再是如何能够获得更优异的运动成绩或为国家、为地区争得荣誉，而是更多地关注高校毕业以后的就业问题。这一系列问题的出现，在一定程度上影响了除省市优秀运动队培养模式以外的其他培养模式的成才率，也影响了中国女子水球项目在其他培养模式下的进一步发展。

3.2.4　人力资源状况

我国从事女子水球一线教学的教练员和较为固定的高水平裁判员人数匮乏的现状，对中国优秀女子水球运动员的培养非常不利。从指导训练和指挥比赛的角度来看，教练员同样也是参与运动训练过程的主体，教练员对运动员能否成为优秀运动员并获得优异运动成绩有直接影响作用；而高水平裁判员对规则的理解及导向，能够指导教练员和运动员更深入地理解运动项目的制胜规律，从而使教练员更有效地根据规则进行更有针对性的训练及调整相应的技战术。

3.2.4.1 中国优秀女子水球运动员的年龄结构、训练年限、运动等级及接受文化教育的情况

本研究随机调查了我国 101 名优秀女子水球运动员，包括其年龄结构、转入前项目训练年限、水球专项训练年限、运动等级及其学历情况。表 3-2 为中国各省（自治区、直辖市）优秀女子水球运动员的年龄结构特征统计表。该表显示，中国优秀女子水球运动员的年龄相较于其他球类项目而言总体较为年轻，年龄最小的仅有 13 岁、最大的为 33 岁，大部分集中在 20～30 岁阶段。

表 3-2 中国各省（自治区、直辖市）优秀女子水球运动员的年龄结构特征统计（$n=101$）

队伍	年龄结构特征			
	n	Min	Max	Mean ± SD
天津队	12	20	33	28.08 ± 3.895
广西队	16	17	31	23.25 ± 4.219
上海队	14	20	31	24.93 ± 3.562
湖南队	12	23	27	25.08 ± 0.996
四川队	29	19	26	22.69 ± 2.020
福建队	18	13	26	19.89 ± 4.324

从训练年限来看，中国优秀女子水球运动员在转入水球项目训练之前已在其他运动项目中进行过一定年限的运动训练，其平均训练年限为 4.39～7.64 年；而在转入水球项目后继续进行训练的平均训练年限为 6.94～12.83 年，且最终能够成为优秀女子水球运动员的总训练年限为 11.33～20.67 年（表 3-3）。

表 3-3 中国各省（自治区、直辖市）优秀女子水球运动员的训练年限统计（$n=101$）

队伍	n	转入前项目训练年限			水球专项训练年限			总训练年限		
		Min	Max	Mean ± SD	Min	Max	Mean ± SD	Min	Max	Mean ± SD
天津队	12	0	8	6.17 ± 2.588	6	18	14.5 ± 3.631	10	26	20.67 ± 5.176
广西队	16	1	10	5.50 ± 2.852	3	15	9.06 ± 4.090	8	21	14.56 ± 4.273
上海队	14	3	15	7.64 ± 3.153	7	15	10.57 ± 2.593	11	28	18.21 ± 5.280
湖南队	12	0	5	0.42 ± 1.443	12	13	12.83 ± 0.389	12	17	13.25 ± 1.215
四川队	29	2	12	6.59 ± 2.323	4	12	8.55 ± 2.277	8	21	15.14 ± 2.669
福建队	18	1	9	4.39 ± 2.993	3	12	6.94 ± 3.115	5	20	11.33 ± 4.826

从图 3-1 中可以看出，目前中国优秀女子水球运动队中，各队的国际级运动健

3 中国优秀女子水球运动员培养的历程、现状与存在的主要问题

将、国家级运动健将及一级运动员的数量比例不一,但总体上国家级运动健将的数量是最多的,一级运动员数量较少。然而在人才培养过程中,应该注重各运动等级人数的比例均衡,一级运动员作为优秀运动员等级中的最低级别,亦是中国女子水球项目中,运动员的身份由普通运动员转入优秀运动员行列的第一步,应该呈现出"金字塔塔基"的状态。但从目前来看,一级运动员的数量偏少,其数量的多少也体现了中国优秀女子水球运动员的储备情况,因此需要进一步提升,以提高我国优秀女子水球运动员的培养质量。

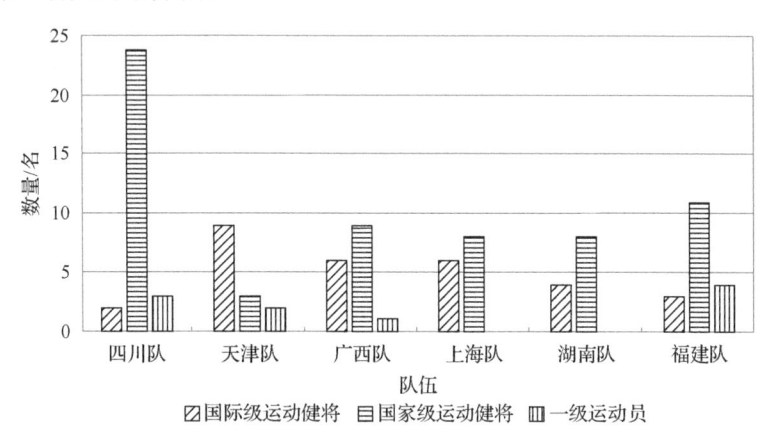

图 3-1 中国优秀女子水球运动员运动等级人数情况统计

由图 3-2 可知,中国优秀女子水球运动员大部分为本科学历,有 63 名;具有硕士研究生学历的运动员有 22 名;具有博士研究生学历的优秀运动员仅 1 名。从

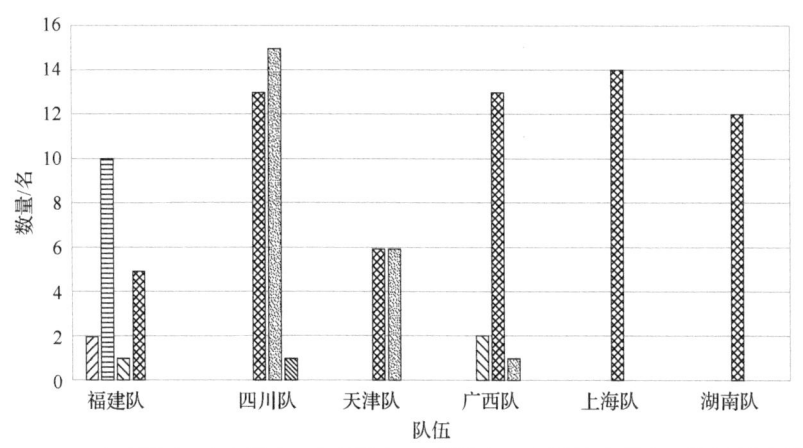

图 3-2 中国优秀女子水球运动员学历情况统计

调查的数据中可以看出，中国优秀女子水球运动员的学历提升程度较过往已有大幅提升，运动员已经意识到训练的同时，提升学历同样重要。因此大部分运动员通过优秀运动员的政策将自己的学历提升到本科水平，且"高校培养"这一培养模式深入中国女子水球项目，因此中国优秀女子水球运动员在接受专业训练的同时，兼顾对文化教育的继续深造，从而使获得硕士研究生学历和博士研究生学历的优秀运动员的数量不断地增加。

3.2.4.2 教练员情况

由于女子水球在我国开展的时间并不长，项目从最初开展到现在仅有 20 多年的历史。项目开展初期，执教女子水球项目的教练员基本来源于男子水球的教练员，因此有过一段对女子水球运动员如何科学化训练的探索过程。从上述研究中不难发现，目前我国女子水球的初级训练阶段，仅有两个省市具备水球的业余体校且教练员等级参差不齐，这对我国女子水球的初级训练具有很大的影响；在中级训练阶段，全国共有 6 支建队相对稳定的优秀女子水球运动队，其中有 1 支是由体育学院附属竞技体校与省市体育局共建的女子水球队。中级培养阶段的教练员无论是从人数还是等级上来说，师资力量都是严重匮乏的，并且存在执教能力稍高的教练员被借调到国家队，但只能充当助理教练员的角色，无法担任主教练员的现象，这种现象造成了师资方面的严重浪费，对我国有效培养优秀的女子水球运动员非常不利。

3.2.4.3 裁判员情况

根据世界水球运动发展的新趋势，结合我国水球运动发展的实际情况及培养高水平女子水球运动员的需求，水球运动员对项目竞赛规则的了解和掌握，对获取优异运动成绩起到了导向作用。规则的调整，意味着相应的技战术的变化，而在运动训练的实践过程中，教练员和运动员对规则的了解与掌握，主要依靠这个项目的裁判员。

水球运动自 2019 年版新规则出台以后，规则改动幅度较大，致使在规则改动初期，教练员和运动员都不太适应新规则在比赛中的应用，裁判员在中间就扮演了重要的角色。裁判员的引领和导向作用的强弱主要体现在一个地区裁判员水平的高低，这会在一定程度上影响该地区水球教练员和运动员对新规则理解的速度与深度。特别是在我国，人们对水球这项运动的认识还不够深入，对规则的理解不太清楚，甚至很多从业者对新规则的把握也不够具体。对于运动员而言，尤其是在初级阶段的儿童青少年运动员，对水球规则的认识主要源于教练员和裁判员，这就要求教练员首先对规则有深入的了解。但在实际调查和访谈中发现，我国初级阶段的教练员大部分存在着对规则理解不清的问题。因此在这种情况下，在教授儿童青少年水球规则时也会出现错误的教法。从调查的现状来看，在裁判问题上，由于我国水球项目的裁判工作属于兼职，不存在职业水球裁判员，所以在调查时主要以能够长期稳定从事水球裁判工作且裁判员等级在国家级以上的裁判员为调查对象。从我国各地区裁判员人数占比图（扫二维码）和表 3-4 中可以看出，符合调查标准的裁判员总人数为 55 人。其中，国际级裁判员有 8 名，占比为 14.55%；国家级裁判员有 21 名，占比为 38.18%；一级裁判员有 26 名，占比为 47.27%。数据说明，相较于其他较为成熟的球类项目，女子水球裁判员的数量非常少，且高水平的裁判员更是严重匮乏，存在地区分布不均衡的情况。上海、广东、湖南、四川及广西的国际级裁判员和国家级裁判员较多，其他地区的高水平裁判员较少，这会导致部分地区的教练员、运动员或想参与这项运动的群众对这项运动的规则理解不清楚。

我国各地区裁判员人数占比图

表 3-4　我国水球裁判员基本情况统计（n=55）

地区	n	国际级	国家级	一级
北京	2	1	1	0
天津	4	1	1	2
上海	6	2	2	2
广西	9	1	3	5
湖南	7	1	3	3
四川	8	1	3	4
福建	4	0	0	4
广东	10	1	5	4
沈阳	1	0	1	0
江苏	3	0	2	1
山西	1	0	0	1

注：数据截至 2022 年。

3.2.5 社会化路径

自中国建立女子水球运动队以来，中国优秀女子水球运动员的人才培养与管理一直处于以政府为主导的"举国体制"下，无论是后备人才的储备，还是对优秀运动员的培养，以及女子水球退役运动员的安置问题，实际上都与新的形势下"以人为本"发展竞技体育的总体目标要求相偏离。中国优秀女子水球运动员大部分依然是从小进行封闭或半封闭式专业训练，当具有一定竞技水平，不能在原本项目上有所发展时便转入水球项目，运动员本身并不处于一个自然协调发展的过程。运动员需要进行长期训练，而运动训练是一个长期艰苦的过程，从事运动训练的主要目的就是在各种级别的竞赛中取得优异成绩。竞技体育具有强烈的排他性特点，这体现在只有少部分运动员能在竞赛中获得奖牌，而大多数运动员都会被淘汰，淘汰以后的运动员因长期以来培养的"单一性"而无法适应社会或市场的需求。

随着社会的转型和体制的转轨，我国对优秀女子水球运动员的培养在坚持以"举国体制"培养为主线的情况下，同时借鉴了其他国家优秀女子水球运动员的培养模式，采用了学校培养与社会化培养并行的方式。中国优秀女子水球运动员的社会化培养主要是针对儿童青少年，以"俱乐部建队""协会建队"的形式开展，家长把儿童青少年送到俱乐部练习游泳，当游泳具备一定水平时，便转入水球的专项训练。目前，我国的业余水球俱乐部有30支左右，分布在四川、上海、广东等多个省份（图3-3）。四川的水球运动社会化培养走在了全国的前列，主要表现为：水球俱乐部的数量较多且建队形式多样；初步举办了U系列不同年龄阶段的水球比赛；模仿国外水球项目赛事的开展方式，通过改变场地器材大小、根据现实情况调整比赛规则等方式，使儿童青少年能够参加不同级别的水球比赛；在各俱乐部之间举办水球交流赛；在各个小学进行水球项目知识的普及；通过举办各种讲座和进行多次考核，对教练员、裁判员进行规范化的培训等。这一系列举措均是从裁判员、教练员、运动员等各个方面全面提升水球项目的社会化培养程度。通过专家访谈和调查走访俱乐部及协会的具体情况可知，当前中国优秀女子水球运动员的社会化培养过程中，参与的人数已经有所提升，即"金字塔塔基"开始有所变化，这从某种程度上而言对中国优秀女子水球项目的发展是有利的。只有当"金字塔塔基"拥有足够多的数量，才能够为该运动项目的顶层发展提供强有力的保障。当前，职业化、市场化是我国竞技体育领域发展的趋势，中国优秀女子水球运动员的培养与管理推行社会化发展的路径符合当前新发展阶段竞技体育适应国际大环境的规律。

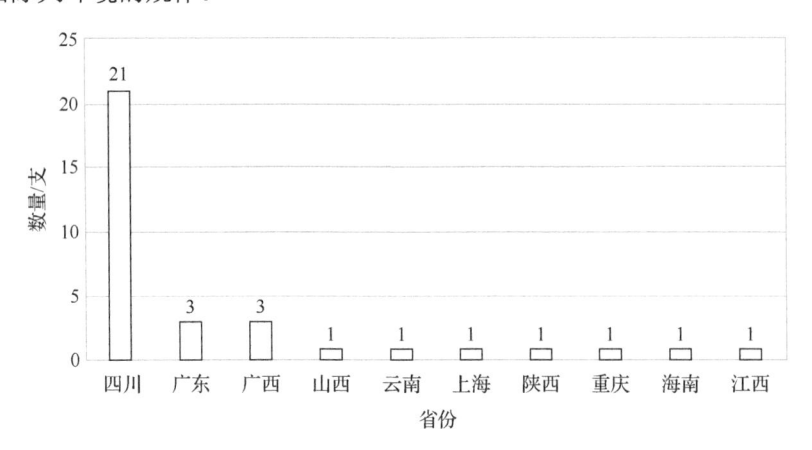

图 3-3 我国业余水球俱乐部地域分布

3.2.6 转项成才情况

转项成才是指运动员在多年训练过程中改变原来选定的运动项目，转入新的运动项目后取得优异运动成绩的现象[1]。此前，已有学者关注到一些在原来运动项目成绩平庸的运动员转项后却能获得优异运动成绩，并提出了"异项潜才"是运动员转项的重要基础[2][3]。水球运动属于技战能主导类同场对抗性项群。在比赛中，运动员之间存在着一定的身体接触与对抗。由于是集体球类项目，还受团队配合能力等因素的影响。因此在进行运动员选材的时候，除了以运动员的游泳水平作为选材的最基础条件，还应该考虑运动员的对抗能力、技战术配合等其他方面能力。由于我国女子水球运动的普及程度并不高，参与这项运动的人数极为有限，转项则成为该项目主要的选材方式，所以在中国女子水球运动项目中存在着大量的运动员转项的现象，且在转项后获取优异运动成绩的情况也较为普遍。

本研究随机抽样调查了 101 名运动等级为一级及以上的优秀女子水球运动员。从图 3-4 的统计结果来看，仅有 12 名运动员不存在转项情况，占比为 11.88%；其余 89 名运动员存在转项情况，占比为 88.12%。这说明在女子水球这项运动中

---

[1] 王大卫. 对运动员转项成才现象的初步研究[J]. 体育科学，1993，13（4）：44-48，94.
[2] 张忠秋. 跨界、跨项选拔高水平运动员要重"体"更要重"心"[J]. 中国体育教练员，2017，25（3）：12-13，15.
[3] 杨群茹. 跨项选材理论溯源与关键问题解析[J]. 成都体育学院学报，2019，45（6）：95-102.

存在大量运动员转项的情况。

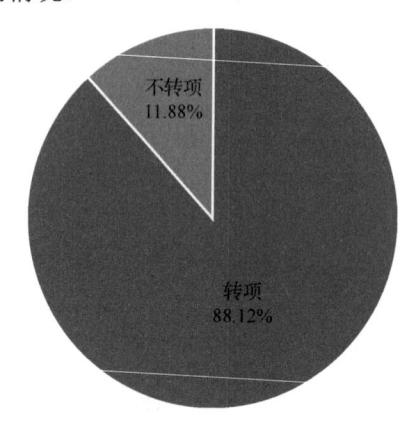

图 3-4　中国优秀女子水球运动员转项情况

从具体的转项情况来看，如图 3-5 所示，在存在转项情况的 89 名运动员中，其转入前的运动项目包括游泳、手球、田径、篮球、排球、击剑。其中，由游泳转入水球的运动员最多，占比为 89.89%；剩下的则是由手球转入水球，占比为 1.12%；由排球转入水球，占比为 1.12%；由击剑转入水球，占比为 1.12%；由篮球转入水球，占比为 5.63%；由田径转入水球，占比为 1.12%。由游泳转入水球主要是由水球这项运动的特殊性所决定的。教练员普遍认为，从事水球运动的运动员首先要有一定级别的游泳水平。但随着对水球项目制胜规律认识的深入，教练员开始逐渐认识到挑选游泳运动员转入水球运动后的劣势。例如，首先，水球运动是集体球类项目，运动员与运动员之间需要进行战术配合，而游泳属于单项，不存在与队友之间的配合，导致游泳运动员的战术意识等方面可能不如其他集体项目的运动员；其次，水球运动属于技战能主导类同场对抗性项群中的项目，因此存在一定程度的身体直接接触对抗，而游泳运动员由于项目特点，身体相对比较柔软，在进行水球训练后，游泳运动员在身体对抗上并不占优势。因此，各地方运动队开始出现从其他运动项目中进行选材。目前，全国范围内的女子水球队都存在着从游泳以外的其他运动项目中（如田径、篮球、排球等）挑选运动员转入水球运动的情况。另外，对于水球守门员的选材，主要从身材外形条件和反应速度两个方面考虑，因此在转项中存在着尝试挑选击剑运动员转入水球项目的情况。但从比例上而言，游泳运动员仍然占据绝大部分的比例，因此存在"转项单一"的情况。

3 中国优秀女子水球运动员培养的历程、现状与存在的主要问题

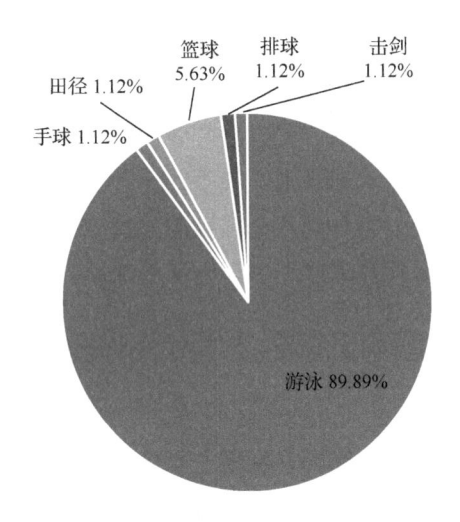

图 3-5 中国优秀女子水球运动员转项前专项占比

3.3 中国优秀女子水球运动员培养中存在的主要问题

3.3.1 人员分布不均衡且参与人数不容乐观

从调查现状中的地域分布来看，我国具有优秀女子水球运动队的省份仅有上海、湖南、广西、天津、四川及福建 6 个。在这 6 个省份中，上海、广西、湖南及天津在"三级训练网"的培养模式上初具雏形；四川队和福建队则没有形成基本的"三级训练网"，对优秀运动员的培养没有形成较为系统的、可持续发展的模式。从参与女子水球运动的人数总量而言，当前为解决女子水球项目在我国的"生存"问题，在国家相关主管部门的统筹协调下，开始对各省市进行水球运动的普及与推广，并逐渐取得了成效。各省市开始从社会化层面组建水球俱乐部，开始重视女子水球在我国的社会化培养，因此参与水球运动的人数略有上升。但总体而言，与世界水球发展较好的国家及其他发展较好的球类项目相比，参与水球运动的总人数仍然不容乐观。对于一项运动而言，参与的群众基础较差，就意味着培养出优秀运动员的概率较小。水球依然需要依赖从其他运动项目挑选已经无法获取优异运动成绩的运动员转项练习水球，这对中国女子水球人才培养的数量和质量提出较高的要求。从世界范围来看，开展女子水球项目较成熟的国家，其州、市、学校或地方俱乐部参与女子水球项目的儿童青少年人数达到了我国全国参与

女子水球的运动员人数。庞大的水球人口决定了这些国家可以根据自身的现实情况举办不同年龄阶段、不同竞技水平的业余水球比赛。例如，欧洲的很多国家就根据其地区的参与水球运动的具体情况，开展 U 系列水球比赛，通过改变场地、用球和球门大小及调整部分水球规则，使不同年龄的儿童青少年都能够参与水球比赛，从而使越来越多的人参与到这个项目的发展中来，逐步形成了一定规模的水球人口。由此可见，群众基础对于中国女子水球项目开展的重要性。

3.3.2 初级培养阶段明显薄弱，对高水平优秀女子水球运动员的培养不能形成有力支撑

中国女子水球运动员的初级培养阶段主要分两条线路：第一，从业余体校或其他体工队转项而来；第二，从"俱乐部培养"或"协会培养"输送而来。但就中国女子水球项目开展的实际情况而言，第一条线路是目前中国优秀女子水球运动员来源的主要线路；而第二条线路只是一个理想状态，即希望能够通过社会化培养为中国女子水球项目的中级阶段输送人才，但目前暂时还未能实现通过社会化培养而来的运动员直接进入专业水球训练。导致第二条线路无法输送的原因主要包括：①家长不愿意自己的孩子脱离正常的学校教育的环境，而进入传统的相对比较封闭的"三级训练网"的环境去接受水球专业训练；②如果继续保持原本的"俱乐部培养"或"协会培养"，就无法接受再进一步的专业训练。两个原因之间存在着一定的矛盾。从调查中可以发现，当前中国女子水球项目开展较好的地区主要为上海。以上海地区为个案，从不同角度来看，上海队在女子水球运动员的参与数量、运动员选材质量、梯队建设、培养模式多元化及教练员和裁判员的结构比例等方面都值得全国其他女子水球队培养优秀女子水球运动员借鉴。从梯队建设而言，上海队在依赖"举国体制"的制度优势下，其"三级训练网"的建立，层次清晰分明，且自下而上的输送路径较为通畅。例如，上一级的教练员会向低一级的教练员明确需求，这样就能够使低一级的教练员在人才培养目标上非常清晰，以上一级教练员的需求培养所需类型、位置、技术风格的运动员。目前，其他各省市队伍的初级训练阶段无论是采用业余体校培养模式，还是采用社会化培养模式，女子水球项目的初级训练阶段并没有有效地为中级阶段输送人才，大部分的女子水球队存在着从中级阶段开始训练的现象，即选材时是从其他项目的体工队转项而来的，而不是从初级阶段自下而上地输送。针对这一现象，本研究对从事一线训练教学的教练员进行了相关的访谈。教练员普遍认为，初级阶段的

运动员的各方面竞技能力水平不足以支撑她们完成中级阶段的水球项目的专业训练。例如，初级阶段的水球运动员的游泳水平达不到中级阶段水球运动员对游泳能力的要求。因此，在选材时，主要依赖其他项目转项而来，且更多地会选择从其他项目的体工队中选拔运动员，因为这类运动员拥有一定水平的竞技能力，能够更好更快地在水球项目中获得优异运动成绩。

3.3.3　不同培养模式下经费差距过大

在研究过程中，笔者对不同培养模式下的运动队的相关管理人员进行了深度访谈。从访谈中发现，在中国女子水球运动员的培养经费方面，由于中国女子水球运动员主要是从"三级训练网"的中级阶段开始接触水球项目的，即各省（自治区、直辖市）的优秀运动队进行培养，因此该类型的运动队在依赖制度优势的情况下，经费较为充足；而培养模式为"高校培养"或"高校与政府体育主管部门共建""社会化培养"等的运动队，在培养经费中的各个部分均相差甚远。以 s 市为个案来看，其优秀女子水球运动员的培养以传统的"三级训练网"的模式层层递进，在中级阶段的年总经费为 300 万元左右；而从高校与体育局共建的 c 市女子水球运动队来看，其年总培养经费只有 70 万元。此外，在医疗保障、科技投入训练程度、场地设施设备、与世界高水平运动队交流的机会及后勤保障等方面，均存在较大程度的差异性。这说明虽然中国女子水球项目开始逐步探索和发展多元化的培养模式，但是不同模式在不同方面的差异过大，直接影响了中国优秀女子水球运动员的培养效果。从运动等级来看，借助"举国体制"制度优势的省（自治区、直辖市）的优秀运动队培养出的国际健将或国家级健将居多。不同的培养模式存在着不同的经济资源、物质资源、科研资源、政策资源，这导致无法培养出相等数量和质量的优秀女子水球运动员，这将对中国优秀女子水球运动员的高校培养或社会化培养极为不利。

3.3.4　人力资源结构、等级比例不合理

从现状调查中可以发现，中国优秀女子水球运动员的培养过程中存在严重的人力资源结构和比例不合理的现象，即优秀运动员的年龄结构不合理、运动等级不合理、高水平教练员和裁判员的数量偏少及分布不均等问题。从调查现状来看，中国优秀女子水球运动员的年龄多集中于 20～30 岁年龄段，相较于国外的优秀女

子水球运动员而言年龄较小，且在 20 岁以下年龄段的优秀运动员人数较少，比例不合理，这说明女子水球项目存在后备力量储备不足的情况。后备力量的发展是一个运动项目人才培养系统的基础，也是一个运动队在梯队建设问题上的"塔基"。在如今竞技体育人才培养多元化的背景下，过往那种集中且封闭式的运动员培养模式已经不利于竞技体育人才培养系统的可持续发展。从运动等级来看，中国优秀女子水球运动员的运动等级分为国际级运动健将、国家级运动健将及一级运动员。按照常规逻辑，运动等级与运动员数量应该呈反比，即运动等级越高，运动员数量越少。但在随机抽取的 101 名中国优秀女子水球运动员的运动等级调查中发现，中国优秀女子水球运动员多为国家级健将，一级运动员的人数反而少于国家级运动健将，这说明中国优秀女子水球运动员的储备量需进一步扩大，这样才更有利于国家队层面有更多更广的选择范围。

此外，从关于教练员和裁判员等相关调查的数据结果来看，从事一线水球教学和训练的师资非常匮乏，高水平教练员基本集中于"三级训练网"的中级阶段或高级阶段，但运动训练本身是一个长期且系统的培养过程，运动员的基础训练是否足够扎实，决定了运动员整个职业生涯能走多远及走到哪一步的问题。此外，当前中国优秀女子水球运动员的培养问题在不同的培养阶段又存在着不同方面的师资问题。例如，在初级阶段，缺乏高水平教练员。尤其是社会化培养下，从事女子水球项目教学训练的教练员基本为初级教练员或无级别教练员，这些教练员无论是执教能力还是对女子水球项目最新动态的把握，包括对规则变化并不十分清楚，这都对儿童青少年日后进入水球专业训练极为不利。在中级阶段，我国高水平教练员会不定期被借调去国家队带队，因此无法对本省市（地区）的运动员进行系统培养，但是到国家队执教后又无法担任国家队主教练员的职务，无法完全决定国家队运动员训练上的问题。由于复合型教练员团队的建立，来自不同省份的高水平教练员可能存在执教理念上的差异性，所以出现工作上协同程度不高的情况。这些状况均在某种程度上造成了师资的浪费。在高级阶段，由于国外水球开展得历史悠久且项目发展较好、技战术水平较高、人才培养和梯队建设层次相对更清晰，在国家队这一层面对优秀女子水球运动员的培养基本以外籍教练员为主，我国高水平教练员配合、协调外籍教练员，但这并不利于中国优秀女子水球运动发展过程中的师资建设。纵观世界水球运动发展较好的国家，之所以能够培养出高水平水球运动员，是因为其拥有高水平教练员。中国优秀女子水球运动员的培养在高级阶段如果一直依赖外籍教练员，且当一个周期结束后，进行下一轮教练员的聘用、选派时，又换另一个国家的外籍教练员，运动员们始终处于"适应教练员"的状况，本国的教练员们也始终处于"配合及协调"的状态。这不利于中国优秀女子水球运动员的培养及该项目的长期发展。

小 结

本部分通过对中国优秀女子水球运动员培养的发展历程和各个历史阶段特点的归纳总结，以及对培养现状进行调查发现，当前中国优秀女子水球运动员的培养过程中存在着除训练学层面以外的其他方面的问题，包括人员分布不均衡且参与人数不容乐观；初级培养阶段明显薄弱，对高水平优秀女子水球运动员的培养不能形成有力支撑；不同培养模式下经费差距过大；人力资源结构、等级比例不合理。

4. 中国优秀女子水球运动员培养效果评价

【内容提要】本部分将基于运动员的全面发展这一视角，采用模糊综合评价方法，对当前中国优秀女子水球运动员的培养效果进行多指标的模糊综合评价。本部分尝试构建中国优秀女子水球运动员培养效果的综合评价指标体系，找出目前中国优秀女子水球运动员培养中存在的"短板"，为中国优秀女子水球竞技水平的提高和该项目的可持续发展提供理论依据与决策参考。

4.1 模糊综合评价法简介

现象的不确定性即随机性的表现有两种：第一种是现象发生条件存在的不确定和随机性，如现实生活中的雨天和晴天；第二种是现象本身存在状态的不确定性，又叫现象的模糊性，如温水与热水、外貌的美丑。随机性和模糊性的区别在于，随机性的不确定存在于现象的外在因果关系中，而模糊性则反映了内在结构的不确定性，故模糊性较随机性更具深层次的不确定性，并且在生活中模糊性的存在更为广泛。随着新时代的到来，社会、科技、文化等都以瞬息万变的形式飞速发展，很多问题都错综复杂，牵扯众多，我们无法用直观简单的方式处理这些问题，这会导致在考虑问题上存在偏离或遗漏。为了处理这些错综复杂的问题，我们可以采取模糊识别和判断的方式，忽略那些不影响我们对问题本质的正确性认识的因素。

美国控制论专家 L.A. 扎德教授在 1965 年提出了模糊数学这一新的数学方法，该方法构建了形式化思维与复杂化系统之间联系的桥梁，为解决模糊问题提供了新视野、新思路及新方法。模糊综合评价法则是模糊数学的具体应用方法，是一种用数学中的专有符号来描述和解释模糊现象的评价方法。模糊综合评价法以向量的形式出现，能较准确地描述评价对象中的模糊状态并形成一个模糊子集，通过加工处理向量就可以得到评价对象的最终评价等级。模糊综合评价法的优点在于能最大限度地描述评价对象的复杂程度，当评价对象层次多、结构复杂时，评价效果反而会更好，评价并不会受到限制。模糊综合评价法可应用于主观、客观因素的评价中，就效果来说，应用在主观因素的评价中要优于其他方法，并且可以根据评价者的偏好需求改变评价指标的权重数值大小。

4.2 综合评价的思路、目的、意义及原则

4.2.1 综合评价的思路

综合评价是一项复杂的工作，为了使评价的过程合理及准确，在进行综合评价时必须根据一定的标准及程序进行。从图 4-1 中可以看出，一个较完整的系统评价流程应该包含系统评价、评价资料收集、评价指标选择、评价函数确定、价值计算及综合评价等相关阶段。

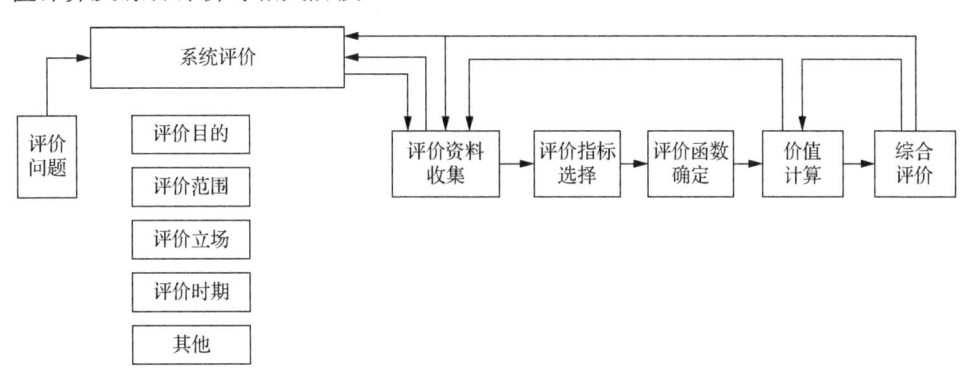

图 4-1 系统评价流程

中国优秀女子水球运动员培养的评价是指从运动员全面发展及可持续发展的视角出发，以提升中国优秀女子水球运动员培养质量为目标导向，结合中国女子水球项目的实际情况，对评价指标进行筛选，使评价指标能够反映优秀运动员成长与培养的特性。通过采用模糊综合评价法对中国优秀女子水球运动员从竞赛、训练、文化教育、社会、综合素质及健康等不同的方面进行系统评价。中国优秀女子水球运动员的培养及成才与其他发展较为成熟的球类项目不同，女子水球在我国开展的历史并不长，其群众参与程度低，且多数运动员都是从其他运动项目转项而来的，因此各自又带有转入前项目的特点和规律。对中国优秀女子水球运动员培养的全面发展与可持续发展的评价既要体现出全面发展及可持续发展的思

想，又要考虑中国优秀女子水球运动员培养与成才的现实情况。综合评价的总体思路需要紧紧围绕评价，找出当前中国优秀女子水球运动员各方面的优势与劣势，并寻求具有可操作性的评价方法，实现对中国优秀女子水球运动员培养与成才问题从理论分析到实践操作的具体提升。具体的评价流程如图4-2所示。

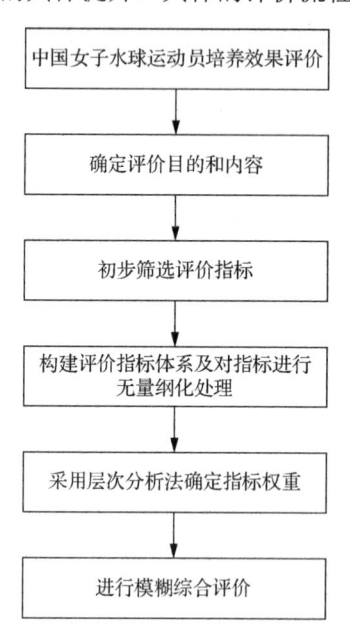

```
中国女子水球运动员培养效果评价
          ↓
    确定评价目的和内容
          ↓
     初步筛选评价指标
          ↓
构建评价指标体系及对指标进行
        无量纲化处理
          ↓
   采用层次分析法确定指标权重
          ↓
      进行模糊综合评价
```

图 4-2　中国优秀女子水球运动员培养效果的评价流程

4.2.2　综合评价的目的与意义

本研究从全面发展和可持续发展的视角对中国优秀女子水球运动员培养效果进行综合评价的目的和意义，主要包括以下3个方面。

（1）通过准确、有效地综合评价，培养主体能够对中国优秀女子水球运动员的培养现状和水平进行监测，比较全面地把握当前中国优秀女子水球运动员培养过程中的优势和劣势。

（2）通过对当前中国优秀女子水球运动员的培养效果进行综合评价，能够及时地反映当前中国优秀女子水球运动员的各方面发展水平，同时还能够对不同运动员的发展状况进行差异比较分析，从而能够使被评价者及相关管理人员及时了解客观现实情况，以便对下一步的培养与管理工作进行及时的调整。

（3）中国优秀女子水球运动员培养效果的综合评价工作同样可以作为其他运

动项目参考借鉴的案例，逐渐拓展到评价其他运动项目优秀运动员的培养效果，由点到面地进行全方位的竞技体育人才培养的综合评价。

4.2.3 综合评价的原则

综合评价的原则体现了主体在实施评价活动过程中的基本思想、精神和理念，或者侧重点和中心。在不同的指导原则下进行综合评价，会得到不同的评价结果。

中国优秀女子水球运动员培养的评价指标体系是由相互独立又相互作用的各维度指标及其数量关系所构成的整体，是为科学、系统且全面地评价中国优秀女子水球运动员培养的程度和效果而构建的。评价指标的选取需要全面、科学、系统地反映系统特性，因此需要遵循以下基本原则。

（1）系统性原则。中国优秀女子水球运动员人才培养是一个复杂的系统工程，构建中国优秀女子水球运动员培养的综合评价指标体系需要从不同维度来反映中国优秀女子水球运动员的现实情况，因此对指标的选取应做到相对独立又各有侧重，使该评价指标体系成为一个有机整体。这既要包括中国优秀女子水球运动员培养系统中的各个子系统，又要符合新时代社会对运动员这一特殊群体培养的新目标。

（2）全面性原则。在系统论的指导下，存在于指标体系内部的指标必须能够反映指标体系的全部方面或主要方面，涵盖的范围要广泛，从多维度去评价中国优秀女子水球运动员的培养效果。本研究基于"运动员全面发展及可持续发展"的视角，因此在指标的选取上是多方位的，而不仅仅停留于对中国优秀女子水球运动员"训练"或"竞赛"等方面的评价。站在可持续发展的角度，欲使中国优秀女子水球运动员的培养问题形成一个良性循环的局面，继而使中国女子水球项目能够可持续发展，就必须考虑在对中国优秀女子水球运动员进行培养时，除训练或竞赛以外的其他方面的培养及培养效果的评价。

（3）科学性原则。综合评价指标体系的建立必须遵循科学理论依据，且能反映中国优秀女子水球运动员培养的目标及未来培养的趋势。准确衡量中国优秀女子水球运动员培养的实际效果是评价的根本目的，同时也可以作为培养主体及时调整工作方向并改进培养方案的理论参考依据。在实际评价过程中，如果综合评价指标体系设计不合理，评价的结果就无法客观准确地反映评价客体的实际培养效果。因此科学性原则是进行综合评价指标体系设计的重要原则之一。在设计评价指标时，应该考虑该指标是否能准确客观地反映中国优秀女子水球运动员的培养现状。

（4）可操作性原则。综合评价指标体系需要从横向、纵向上涉及多维度多方面，并能综合地反映中国优秀女子水球运动员培养的实际效果。综合评价指标体系的构建要根据中国优秀女子水球运动员培养与成才的现实情况和特点，合理选取具有代表性的指标，有些指标可以代表评价优秀运动员的指标，但有些指标则不能。因此指标的选取既要满足研究的需要，又要注意指标数据获取的实际可行性。

（5）定性与定量相结合原则。综合评价指标体系的建立需要依靠不同维度、不同层面的指标来作为支撑，但在人才培养的问题上，并不是每个指标都能够量化。在设置评价指标的过程中，选取一些定性描述的指标作为支撑依然是有必要的。基于此，综合评价指标体系的建立需要将定性指标和定量指标相结合，并综合地反映中国优秀女子水球运动员的培养效果。

4.3　中国优秀女子水球运动员培养效果的综合评价指标体系的构建

综合评价指标体系的构建有助于完善中国优秀女子水球运动员培养体系，提高中国优秀女子水球运动员培养的质量与效率。中国优秀女子水球运动员的培养是一项复杂多变的系统工程，它涉及优秀女子水球运动员培养的方方面面，且各方面相互影响、相互作用，因此培养过程的程序较为复杂。进行合理且科学的评价，有利于中国优秀女子水球运动员的高质量培养。

在评价过程中，需要从系统的角度去考虑"为什么评价""评价什么""由谁来评价""怎样评价"等问题。

（1）评价目的。评价目的主要是指"为什么评价"。评价目的是评价工作能够顺利开展的前提，旨在更好地决策和提供最优的决策方案。对目前中国优秀女子水球运动员的培养效果进行评价，找出目前培养过程中哪些方面培养效果较好，哪些方面培养效果较差，从而引导相关部门对相关培养工作进行导向性的修正和调整。

（2）评价内容。评价内容主要是指"评价什么"。只有清楚评价内容，才能够根据评价对象科学合理地设计相应的综合评价指标体系。在中国优秀女子水球运动员培养效果的综合评价指标体系中，评价对象是运动员，因此既要考虑通用指标，又要考虑符合优秀女子水球运动员这一特殊群体的特性指标，这样才能准确、客观、有效地反映中国优秀女子水球运动员培养的水平及培养的效果等。中国女子水球项目开展起步较晚，目前尚未建立相关的综合评价指标体系，因此本研究在依据相关理论分析的基础上，以中国优秀女子水球运动员为主体，以调查为主要方法，以培养效果为结果，构建中国优秀女子水球运动员培养效果的综合评价指标体系。

（3）评价主体。评价主体主要是指"由谁来评价"。在评价实践过程中，以目标为导向来选择评价内容及评价主体。

（4）评价方法选择。评价方法选择主要是指"怎样评价"。在中国优秀女子水球运动员培养评价过程中，由于存在定性指标，研究需要将定性方法与定量方法结合起来使用，这样才能较为全面、客观地反映中国优秀女子水球运动员培养的效果。

4.3.1 构建的过程与方法

4.3.1.1 经验筛选

综合检索文献[1][2][3][4][5][6]、专家访谈和中国优秀女子水球运动员培养的实际情况，通过经验筛选构建的中国优秀女子水球运动员培养效果的综合评价指标体系是在《竞技运动一般理论》[7]《竞技运动一般理论及其实用观点》[8]《奥林匹克运动中的运动员培养系统》[9]的基础上建立的。本研究结合当前中国优秀女子水球运动员培养的实际情况增加了文化教育、社会、综合素质及健康等指标，初步形成了一套中国优秀女子水球运动员培养效果的综合评价指标体系，如表4-1和表4-2所示。

---

[1] 孙凤龙，姜立嘉，张守伟. 特征与启示：美国学生篮球运动员培养体系[J]. 沈阳体育学院学报，2018, 37（6）：120-124, 131.

[2] 于文谦，张廷晓. 类意识视角下我国优秀运动员综合素质培养研究[J]. 南京体育学院学报（社会科学版），2017, 31（6）：1-5, 10.

[3] 刘玉，黄亚玲. 新时代运动员"生命教育与技能自觉"培养理念研究[J]. 体育文化导刊，2019（5）：64-68.

[4] 森丘保典，赵倩颖. 日本田径联合会备战奥运制定培养运动员指南——以中长期角度培养运动员的重要性[J]. 中国体育科技，2019, 55（9）：84-88, 107.

[5] 宋艳. 冰之"动"与音之"律"：极致与美的艺术审视——花样滑冰运动员艺术表现力培养研究[J]. 沈阳体育学院学报，2019, 38（2）：124-129.

[6] 库兹缅科，卡巴诺娃，鲁果甫斯基赫，等. 培养青少年柔道运动员竞赛活动制胜因素的心理运动能力和快速思维能力的研究[J]. 首都体育学院学报，2018, 30（5）：385-387.

[7] MATVEEV L P. General theory of sport[M]. Moscow: Military Publishing House, 1997.

[8] MATVEEV L P. General theory of sport and its applied aspects[M]. Moscow: M.F.I.P. Publishing House, 2001.

[9] PLATONOV V N. System of preparation of athletes in Olympic Sports[M]. Kiev: Olympic Literature, 2004.

表 4-1 不同学者关于运动员培养的评价指标

作者	运动项目	运动员培养评价的一级指标
孙凤龙等[1]	篮球	选材
		训练
		竞赛
		管理
		赞助
		教育
		综合素质
于文谦和张廷晓[2]	不适用	培养理念
刘玉和黄亚玲[3]	不适用	生命教育与技能自觉
森丘保典和赵倩颖[4]	田径	艺术表现力
宋艳[5]	花样滑冰	心理运动能力
库兹缅科等[6]	柔道	快速思维能力

表 4-2 中国优秀女子水球运动员培养效果的综合评价指标初始题项（第一轮）

一级指标	二级指标
竞赛（A1）	运动员的运动成绩（B1）
	运动员的执行能力（B2）
	运动员的临场发挥能力（B3）
	运动员的心理稳定性（B4）
训练（A2）	运动员的竞技能力（B5）
	运动员的自控能力（B6）
	运动员正确的参训动机（B7）
文化教育（A3）	运动员的学历提升（B8）
	运动员非业务技能学习（B9）
	运动员的专业理论知识（B10）

---

[1] 孙凤龙,姜立嘉,张守伟.特征与启示：美国学生篮球运动员培养体系[J].沈阳体育学院学报,2018,37（6）：120-124,131.

[2] 于文谦,张廷晓.类意识视角下我国优秀运动员综合素质培养研究[J].南京体育学院学报（社会科学版）,2017,31（6）：1-5,10.

[3] 刘玉,黄亚玲.新时代运动员"生命教育与技能自觉"培养理念研究[J].体育文化导刊,2019（5）：64-68.

[4] 森丘保典,赵倩颖.日本田径联合会备战奥运制定培养运动员指南——以中长期角度培养运动员的重要性[J].中国体育科技,2019,55（9）：84-88,107.

[5] 宋艳.冰之"动"与音之"律"：极致与美的艺术审视——花样滑冰运动员艺术表现力培养研究[J].沈阳体育学院学报,2019,38（2）：124-129.

[6] 库兹缅科,卡巴诺娃,鲁果甫斯基赫,等.培养青少年柔道运动员竞赛活动制胜因素的心理运动能力和快速思维能力的研究[J].首都体育学院学报,2018,30（5）：385-387.

4 中国优秀女子水球运动员培养效果评价

续表

一级指标	二级指标
社会（A4）	再就业率（B11）
	运动员适应社会的能力（B12）
	运动员的社会影响力（B13）
综合素质（A5）	运动员正确的价值观（B14）
	运动员的集体荣誉感（B15）
	运动员的道德品质（B16）
	运动员顽强的意志品质（B17）
健康（A6）	运动员运动寿命的长短（B18）
	运动损伤程度（B19）

4.3.1.2 专家访谈

经过经验筛选初步形成中国优秀女子水球运动员培养效果的综合评价指标体系。然后需要对不同领域的专家进行访谈，请专家对各项指标提出建议与意见。根据研究的复杂程度确定专家人数及所涉及的相关领域，一般专家人数以10～30人为宜[1]。但有部分学者研究认为，当专家人数接近15人时，再增加专家人数对预测的精度不会产生太大的影响[2]。基于此，本研究根据实际研究的需要，聘请了有关行政管理人员、学科教师、教练员及裁判员等14人作为本研究的咨询专家。咨询专家的基本情况如图4-3所示。

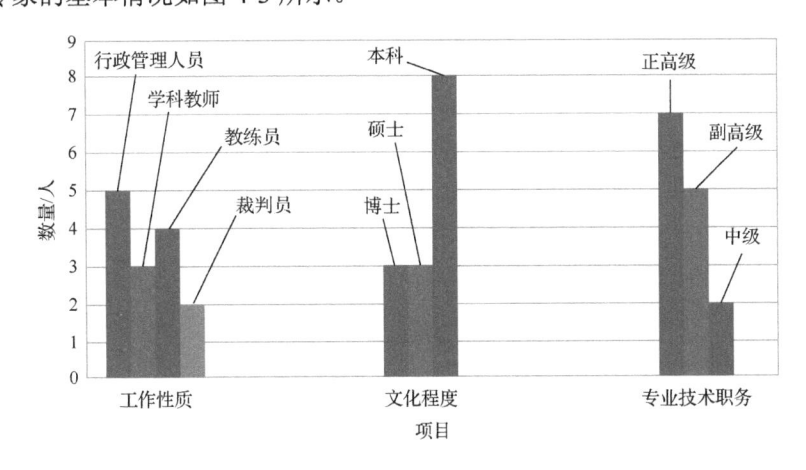

图4-3 咨询专家的基本情况

---

[1] XIAO J, DOUGLAS D, LEE A H, et al. A Delphi evaluation of the factors influencing length of stay in Australian hospitals[J]. The international journal of health planning and management, 1997, 12(3): 207-218.

[2] LEE J H, CHOI Y J, VOLK R J, et al. Defining the concept of primary care in South Korea using a Delphi method[J]. Family medicine, 2007, 39(6): 425-431.

在社会科学的实证调查过程中，李克特量表这一计量方法的填答方式以 4~6 级量表法采用的频率最高，而通常认为，当选项超过 5 项时，需要被试有较高的辨别能力；当选项低于 3 项时，又无法清楚地表达意见。因此本研究采用 5 点计量尺度，其中 5 表示"十分重要"，4 表示"比较重要"，3 表示"一般重要"，2 表示"比较不重要"，1 表示"完全不重要"[①②]。因此，本研究采用李克特五级量表对初始题项予以赋值。

研究假设本次访谈的专家数记为 n，设 X_{ij} 表示第 i 位专家对第 j 个指标的打分。最后根据所有专家对各项指标的打分结果进行统计分析。

（1）研究采用算术平均数表示重要程度，计算公式如下：

$$M_j = \frac{1}{n}\sum_{i=1}^{n} X_{ij}$$

（2）研究采用标准差表示离散程度，计算公式如下：

$$S_j = \sqrt{\frac{1}{n-1}\sum_{i=1}^{n}(X_{ij}-M_j)^2}$$

（3）研究采用变异系数表示相对离散程度，即表示专家对第 j 个指标评价的协调程度大小。协调程度越小，说明专家的意见越协调。计算公式如下：

$$V_j = S_j/M_j$$

4.3.1.3 指标体系筛选

（1）第一轮专家筛选结果与分析。本次专家问卷共计发放 14 份，收回有效问卷 14 份，有效率为 100%。根据本轮专家问卷的结果（表 4-3），认为该项指标重要程度小于 3，说明该项指标的重要程度较低。变异系数说明各位专家对所有指标的意见协调程度，再根据意见协调程度进行下一步的调整与修改。

对于一级指标，专家对确立的中国优秀女子水球运动员培养效果的综合评价指标体系的一级指标的评分结果统计显示（表 4-3），各相关领域的专家一致认为用"竞赛"和"训练"这两个一级指标衡量中国优秀女子水球运动员的重要程度非常重要，因此这两项指标均为 5 分，且由变异系数可以看出专家们对这两个指标的意见协调度较高；"文化教育""社会""综合素质"这 3 个一级指标的重要程度均大于 4，即专家们认为这 3 个指标的重要性较高；相对而言，专家们对"健康"这一一级指标的打分相对较低，但仍然大于 3，说明在中国优秀女子水球运动员培养效果的评价过程中，运动员的身体健康情况仍然是值得考虑的指标之一。

---

① 银玲. 成都市体育公共服务均等化问题研究[D]. 成都：成都体育学院，2015.
② 郭新艳. 体育公共服务均等化指标体系研究[M]. 北京：人民体育出版社，2019.

表 4-3　第一轮专家问卷一级指标重要程度、离散程度、变异系数一览表

一级指标	重要程度（M_j）	离散程度（S_j）	变异系数（V_j）
竞赛（A1）	4.93	0.267	0.054
训练（A2）	4.93	0.267	0.054
文化教育（A3）	4.29	0.611	0.142
社会（A4）	4.07	0.616	0.151
综合素质（A5）	4.71	0.469	0.100
健康（A6）	4.43	0.756	0.171

关于综合评价指标体系中的二级指标，如表 4-4 所示，专家们同样较为一致地将"运动员的运动成绩"这项指标作为评价培养优秀女子水球运动员的最核心指标。相较于普通人而言，运动员的专业具有特殊性，因此运动成绩的优劣是评价培养运动员效果的首要考虑指标；其余的 18 项指标虽然从变异系数和离散程度上看并不如"运动成绩"指标那么高度一致，但重要程度仍然均大于 3。

表 4-4　第一轮专家问卷二级指标重要程度、离散程度、变异系数一览表

二级指标	重要程度（M_j）	离散程度（S_j）	变异系数（V_j）
运动员的运动成绩（B1）	5.00	0.000	0.000
运动员的执行能力（B2）	4.79	0.426	0.089
运动员的临场发挥能力（B3）	4.64	0.497	0.107
运动员的心理稳定性（B4）	4.50	0.519	0.115
运动员的竞技能力（B5）	4.93	0.267	0.054
运动员的自控能力（B6）	4.50	0.519	0.115
运动员正确的参训动机（B7）	4.29	0.825	0.192
运动员的学历提升（B8）	4.29	0.825	0.192
运动员非业务技能学习（B9）	3.64	0.745	0.205
运动员的专业理论知识（B10）	4.43	0.646	0.146
再就业率（B11）	4.36	0.633	0.145
运动员适应社会的能力（B12）	4.57	0.646	0.141
运动员的社会影响力（B13）	4.21	0.699	0.166
运动员正确的价值观（B14）	4.86	0.363	0.075
运动员的集体荣誉感（B15）	4.71	0.611	0.130
运动员的道德品质（B16）	4.86	0.363	0.075
运动员顽强的意志品质（B17）	4.93	0.267	0.054
运动员运动寿命的长短（B18）	4.36	0.745	0.171
运动损伤程度（B19）	4.71	0.469	0.100

但专家在意见中提出，二级指标中的 B3，即"运动员的临场发挥能力"，其概念过于模糊，不易测量或判断，结合水球教练员对中国优秀女子水球运动员的现实情况的考虑，决定将该指标修改为"运动员处理关键球的能力"；指标 B6，

即"运动员的自控能力"更多地体现在运动员的"竞赛"维度中,且属于"运动员的心理稳定性"这一范畴,因此将该指标改为"运动员参与训练的主观能动性"更符合 A2,即"训练"这一维度;指标 B9,即"运动员非业务技能学习"不够具体化,如外语程度、计算机等级等,但由于"运动员非业务技能学习"包含的具体条目过于广泛,且这一指标主要是为了表达运动员退役后对社会的适应程度,在和专家讨论后认为该指标与指标 B12 有一定程度的重复,因此予以删除。此外,有专家提出,在一级指标 A3"文化教育"这个维度下,运动员学历的提升是现代人才培养中较为被重视的方面,但在评价运动员培养质量高低的方面还应该关注运动员实际在学校接受文化教育的时间,而不应仅仅停留在运动员是否获取了高学历这一层面。因此,在 A3 这一一级指标维度下,添加了"运动员实际参与文化教育的时间"作为二级指标。关于 A6"健康"这一一级指标,应该包括身体健康和心理健康。指标 B18,即"运动员运动寿命的长短"是身体健康方面的指标,有专家提出,这一指标不太合理,因为无法评价在役运动员,所以也需要删除;而心理健康方面添加了"运动员的抗压能力"指标。经过相应的调整与修改后,确立的第二轮指标体系如表 4-5 所示。

表 4-5 修正后的指标体系一览表

评价目标	一级指标	二级指标
中国优秀女子水球运动员培养效果的评价	竞赛(A1)	运动员的运动成绩(B1)
		运动员的执行能力(B2)
		运动员处理关键球的能力(B3)
		运动员的心理稳定性(B4)
	训练(A2)	运动员的竞技能力(B5)
		运动员参与训练的主观能动性(B6)
		运动员正确的参训动机(B7)
	文化教育(A3)	运动员的学历提升(B8)
		运动员的专业理论知识(B9)
		运动员实际参与文化教育的时间(B10)
	社会(A4)	再就业率(B11)
		运动员适应社会的能力(B12)
		运动员的社会影响力(B13)
	综合素质(A5)	运动员正确的价值观(B14)
		运动员的集体荣誉感(B15)
		运动员的道德品质(B16)
		运动员顽强的意志品质(B17)
	健康(A6)	运动损伤程度(B18)
		运动员的抗压能力(B19)

（2）第二轮专家筛选结果与分析。将经过修正后的综合评价指标体系专家问卷再次向专家进行发放，仍然采用李克特五级量表的形式，以1~5分来分别对应"完全不重要""比较不重要""一般重要""比较重要""十分重要"。本轮专家问卷的结果显示（表4-6和表4-7），重要程度 M_j 均大于4。

表4-6 第二轮专家问卷一级指标重要程度、离散程度、变异系数一览表

一级指标	重要程度（M_j）	离散程度（S_j）	变异系数（V_j）
竞赛（A1）	5.00	0.000	0.000
训练（A2）	4.95	0.229	0.046
文化教育（A3）	4.21	0.631	0.150
社会（A4）	4.21	0.535	0.127
综合素质（A5）	4.74	0.452	0.095
健康（A6）	4.37	0.684	0.157

表4-7 第二轮专家问卷二级指标重要程度、离散程度、变异系数一览表

二级指标	重要程度（M_j）	离散程度（S_j）	变异系数（V_j）
运动员的运动成绩（B1）	4.89	0.315	0.064
运动员的执行能力（B2）	4.68	0.478	0.102
运动员处理关键球的能力（B3）	4.68	0.478	0.102
运动员的心理稳定性（B4）	4.53	0.513	0.113
运动员的竞技能力（B5）	4.89	0.315	0.064
运动员参与训练的主观能动性（B6）	4.53	0.513	0.113
运动员正确的参训动机（B7）	4.16	0.834	0.200
运动员的学历提升（B8）	4.21	0.787	0.187
运动员的专业理论知识（B9）	4.47	0.612	0.137
运动员实际参与文化教育的时间（B10）	4.32	0.671	0.155
再就业率（B11）	4.21	0.713	0.169
运动员适应社会的能力（B12）	4.32	0.749	0.173
运动员的社会影响力（B13）	4.42	0.692	0.157
运动员正确的价值观（B14）	4.68	0.478	0.102
运动员的集体荣誉感（B15）	4.63	0.597	0.129
运动员的道德品质（B16）	4.74	0.452	0.095
运动员顽强的意志品质（B17）	4.84	0.375	0.077
运动损伤程度（B18）	4.68	0.478	0.102
运动员的抗压能力（B19）	4.53	0.513	0.113

（3）筛选最终评价指标。从表4-6和表4-7中可以看出，专家对该指标体系中6个一级指标和19个二级指标的打分统计结果显示重要程度均大于4。结合专

家提出的建议与意见进行修改后，再根据专家对指标的评分不断地对指标体系进行完善。在本轮修改过程中，指标的调整已较少，因此，将专家问卷法调整后的第二轮中国优秀女子水球运动员培养效果的综合评价指标体系确立为本研究的评价指标体系。

4.3.2 问卷预调查

基于专家问卷修改后的中国优秀女子水球运动员培养效果的综合评价指标体系，本研究将指标体系中的二级指标的每个题项作为选项，采用李克特五级量表设计调查问卷进行预调查，以此检验问卷的信度和效度。本次问卷预调查共计发放问卷114份，收回有效问卷111份，有效率为97.37%。

（1）问卷的信度检验。采用 Cronbach's Alpha 系数对量表内在一致性信度进行分析，结果显示 $α=0.727$，表示量表内部信度良好（表4-8）。

表4-8 问卷预调查 Cronbach's Alpha

变量	数值
Cronbach's Alpha	0.727
项数	19

（2）问卷的效度检验。根据预调查回收数据，将被试在问卷中的得分进行排序，前27%为高分组，后27%为低分组，采取独立样本 t 检验的方法进行差异性检验。最终的结果显示，综合评价指标体系中的各项指标均具有较好的区分度（$p<0.01$），如表4-9所示。

表4-9 中国优秀女子水球运动员培养效果的综合评价指标体系调查问卷各项目区分度检验

指标	t 值	p 值
运动员的运动成绩	16.655	0.000**
运动员的执行能力	19.338	0.000**
运动员处理关键球的能力	15.507	0.000**
运动员的心理稳定性	10.576	0.000**
运动员的竞技能力	16.873	0.000**
运动员参与训练的主观能动性	15.807	0.000**
运动员正确的参训动机	10.933	0.000**
运动员的学历提升	10.420	0.000**
运动员的专业理论知识	8.968	0.000**
运动员实际参与文化教育的时间	13.814	0.000**

续表

指标	t 值	p 值
再就业率	13.321	0.000**
运动员适应社会的能力	19.746	0.000**
运动员的社会影响力	15.425	0.000**
运动员正确的价值观	11.238	0.000**
运动员的集体荣誉感	19.199	0.000**
运动员的道德品质	16.155	0.000**
运动员顽强的意志品质	14.102	0.000**
运动损伤程度	14.355	0.000**
运动员的抗压能力	16.276	0.000**

**在 0.01 的检验水平下差异显著。

研究采用因子分析法检验问卷的结构效度。这种方法是一种数据简化的数学统计方法，它能够以最少的因子来表达大量的观测事实，从而建立起一个最基本的概念系统[1]。在使用因子分析法前，研究首先进行了变量独立性检验，因为该方法要求综合评价指标体系中的各个变量之间必须相互独立，否则就需要进行简化处理。在实证研究中，一般要求研究的样本数必须达到一定的规模。就因子分析而言，不同学者给出了不同的建议。Nunally 和 Bernstein[2]认为，因子分析的样本量至少要达到观察变量的 10 倍及以上；而 Benter[3]提出，样本量与变量的比例至少应该为 5∶1。本研究通过 KMO 及 Bartlett 球形检验对计算值进行检验，检验结果如表 4-10 所示。

表 4-10 预调查问卷 KMO 样本测试和 Bartlett 球形检验结果一览表

取样足够度的 KMO 度量		0.801
Bartlett 球形检验	近似卡方	886.989
	Df	171
	Sig.	0.000

综合上述信度分析及结构效度分析的数据来看，该问卷具有良好的信度和效度，且适合做因子分析，可以投入使用。

4.3.3 问卷正式调查及指标体系验证

前期经过问卷预调查检验信度和效度通过后，研究进入正式调查。正式调查

---

[1] 骆方，孟庆茂. 检验测验单向性的 3 种统计方法的比较[J]. 中国考试，2006（1）：31-33.
[2] NUNALLY J C, BERNSTEIN I H. Psychometric theory[M]. 3rd ed. New York: McGraw-Hill, 1994.
[3] BENTER P M. EFS: Structural EFuations program manual[M]. LosAngles,CA: BMDP Statistical Sofware, 1978.

共计发放问卷 123 份，收回有效问卷 121 份，有效率为 98.37%。由于人数发生变化，再次进行了信度和效度检验（表 4-11）。

表 4-11　正式问卷 Cronbach's Alpha

变量	数值
Cronbach's Alpha	0.791
项数	19

鉴于预调查采用了因子分析法进行结构效度检验，在正式调查中将继续采用因子分析法对中国优秀女子水球运动员培养效果的综合评价指标体系进行验证。因子分析法的结果包含了每个因子对应的特征值、方差贡献率、总体累计方差贡献率和因子载荷量等，通常需要根据这些结果来判断研究需要提取的公因子的数量及公因子与原始变量之间的关系。本研究按照特征值大于 1 的原则提取公因子，而公因子累计方差贡献率至少要达到 60%以上[①]。本研究采用探索性因子分析法的主要目的是根据其结果，对本研究问卷所包含的条目内容及结构进行简化并分类，从而达到验证评价指标体系的目的。

此外，在检验结果中的 KMO 值是相关系数和偏相关系数的比较结果，该值在 0~1 之间取值。通常情况下，当 KMO 值大于或等于 0.7 时，被认为总体上适合做因子分析；若取值低于 0.7，则一般认为不适合进行因子分析。因此，表 4-12 中 KMO 样本测度和 Bartlett 球形检验的结果说明正式调查问卷的数据适宜做因子分析。

表 4-12　正式调查问卷 KMO 样本测试和 Bartlett 球形检验结果一览表

取样足够度的 KMO 度量		0.740
Bartlett 球形检验	近似卡方	1688.535
	Df	171
	Sig.	0.000

表 4-13 中的数据结果显示，它们的总体累计方差贡献率达到 74.187%，说明这 6 个公因子可以解释该评价指标体系中的 19 个评价指标 74.187%的方差。此数据值也验证了前述研究中选择 6 个一级指标的设计是科学合理的。

---

① 郭新艳. 城镇居民体育锻炼行为干预的理论与实践研究[M]. 成都：西南交通大学出版社，2017.

表 4-13 总方差解释一览表

成分	初始特征值 合计	方差贡献率/%	累计方差贡献率/%	提取平方和载入 合计	方差贡献率/%	累计方差贡献率/%	旋转平方和载入 合计	方差贡献率/%	累计方差贡献率/%
1	6.103	32.123	32.123	6.103	32.123	32.123	3.050	16.050	16.050
2	2.197	11.561	43.684	2.197	11.561	43.684	2.894	15.232	31.282
3	1.894	9.969	53.653	1.894	9.969	53.653	2.771	14.586	45.867
4	1.482	7.801	61.454	1.482	7.801	61.454	2.067	10.878	56.745
5	1.217	6.404	67.859	1.217	6.404	67.859	1.817	9.565	66.310
6	1.202	6.328	74.187	1.202	6.328	74.187	1.497	7.877	74.187
7	0.767	4.037	78.224						
8	0.752	3.955	82.179						
9	0.647	3.406	85.585						
10	0.591	3.110	88.695						
11	0.515	2.712	91.408						
12	0.437	2.301	93.708						
13	0.376	1.977	95.685						
14	0.292	1.535	97.220						
15	0.237	1.247	98.467						
16	0.207	1.087	99.554						
17	0.035	0.183	99.737						
18	0.026	0.139	99.875						
19	0.024	0.125	100.000						

注：提取方法为主成分分析。

表 4-14 所示为旋转后各因子的载荷值。将旋转后系数值高于 0.5 的因子负载值最大者用来代表该项因子。为了方便比较和查阅，取消了小系数，将绝对值取值改为 0.5。再依据同类变量的共性，对提取的公因子进行命名。结果显示：公因子 1 主要体现在原始变量 B1、B2、B3、B4 上，将其命名为"竞赛"；公因子 2 主要体现在原始变量 B14、B15、B16、B17 上，将其命名为"综合素质"；公因子 3 主要体现在原始变量 B5、B6、B7 上，将其命名为"训练"；公因子 4 主要体现在原始变量 B8、B9、B10 上，将其命名为"文化教育"；公因子 5 主要体现在原始变量 B18、B19 上，将其命名为"健康"；公因子 6 主要体现在原始变量 B11、B12、B13 上，将其命名为"社会"。

表 4-14　旋转成分矩阵 a

指标	成分 1	2	3	4	5	6
F1	0.627					
F2	0.690					
F3	0.861					
F4	0.869					
F5			0.806			
F6			0.903			
F7			0.890			
F8				0.842		
F9				0.800		
F10				0.696		
F11						0.702
F12						0.662
F13						0.644
F14		0.884				
F15		0.888				
F16		0.663				
F17		0.604				
F18					0.885	
F19					0.891	

从采用探索性因子分析法验证评价指标体系的结果来看，根据专家问卷中的建议与意见调整之后的中国优秀女子水球运动员培养效果综合评价指标体系中的各项二级指标的划分是较为准确合理的，能够反映优秀运动员这一特殊群体的培养与成才情况。因此该评价指标体系可用于评价中国优秀女子水球运动员的培养效果，其评价结果可以反映中国优秀女子水球运动员培养过程中哪些方面做得较好，哪些方面还需要进一步提高。

4.3.4　指标体系释义

4.3.4.1　竞赛层面的评价指标

竞赛层面的评价指标主要包括运动员的运动成绩、运动员的执行能力、运动员处理关键球的能力、运动员的心理稳定性。

（1）运动员的运动成绩的表现形式包括胜负和名次。它是评价中国优秀女子水球运动员培养效果好坏的核心指标之一。在竞技体育领域，运动员参与运动训练的直接目的是提升竞技能力，而终极目的是获取优异运动成绩。中国优秀女子水球运动员获取优异运动成绩对整个女子水球项目的发展都有促进和影响作用，也能从一定程度上带动女子水球项目在我国的进一步开展。

（2）运动员的执行能力这一指标在本研究中主要用于评价在比赛中运动员是否能够有效地执行教练员布置的技术或战术行动的能力。在一个球队中，运动员执行能力的强弱，对比赛中技战术完成的效果有直接的影响，进而影响比赛得分。

（3）运动员处理关键球的能力主要根据目前中国优秀女子水球运动员在比赛中的具体情况，评价中国优秀女子水球运动员在比赛中，当出现得分机会时，是否能够把握住关键球的机会及把握住机会的程度。设计这一评价指标的主要原因是目前中国优秀女子水球运动员的成绩落后于世界其他优秀女子水球运动员，其中重要原因在于对关键球的把握与处理能力弱。因此评价中国优秀女子水球运动员这部分能力的提升情况，能够进一步反映我国优秀女子水球运动员的培养效果。

（4）运动员的心理稳定性是指运动员在比赛中的稳定发挥情况，且越是高水平的运动员，其技战术能力的差异越小，其良好的运动表现主要依靠自身的心理稳定性及比赛经验。

4.3.4.2 训练层面的评价指标

训练层面的评价指标主要包括运动员的竞技能力、运动员参与训练的主观能动性及运动员正确的参训动机。

（1）运动员的竞技能力是一种综合能力，包括体能、心理能力、技术能力、战术能力及运动智能[1]，它包括先天遗传性部分及后天获得性部分。运动员的竞技能力主要来自长年累月训练的积累，也是评价运动员培养效果的重要指标。

（2）运动员参与训练的主观能动性主要反映运动员在长期从事艰苦的训练过程中，能否主动且自觉地进行训练，以及运动员在参与训练过程中是否积极的问题。它表达的是"教练员让我练"和"我自己要练"的区别。

（3）运动员正确的参训动机是运动员长期从事艰苦运动训练的重要保障，因此教练员在培养运动员的过程中，除了从运动成绩、竞技能力等硬实力方面去培

---

[1] 田麦久. 运动训练学[M]. 北京：人民体育出版社，2000.

养运动员，还要重视对运动员软实力的培养。培养运动员从"唯物质待遇"逐渐转变为"追求精神层面的待遇"，这种转变本身也是"育人"的重要部分。

4.3.4.3 文化教育层面的评价指标

文化教育层面的评价指标主要包括运动员的学历提升、运动员实际参与文化教育的时间及运动员的专业理论知识。

（1）运动员的学历提升这一指标主要评价中国优秀女子水球运动员进行训练的同时，在文化教育方面其学业的完成情况。

（2）运动员实际参与文化教育的时间这一评价指标能够更真实地反映当前在体育强国建设背景下，中国优秀女子水球运动员接受文化教育并实际学到的知识的情况，避免在实践过程中，为解决运动员的学训矛盾问题，采用"挂学籍"却未实际参与学习过程的这种治标不治本的方法。这种方法只是在"终点"解决了运动员的学历问题，并未让运动员拥有学习文化或学习新事物的能力。

（3）运动员的专业理论知识这一指标则是评价在培养运动员的过程中，运动员对所从事的运动项目的理论掌握程度。

4.3.4.4 社会层面的评价指标

社会层面的评价指标主要包括再就业率、运动员适应社会的能力及运动员的社会影响力。

（1）再就业率这一评价指标主要用于评价培养的运动员在退役后是否能够正常就业的问题。在体育强国建设背景下，评价运动员是否成才不应该"唯金牌论""唯成绩论"，而是同样应该关注运动员退役以后的就业情况，这也是对优秀女子水球运动员培养的重要组成部分。

（2）运动员适应社会的能力这一评价指标主要针对运动员在退役后对社会的适应性问题，用于评价当下我国"举国体制"下优秀女子水球运动员除业务能力之外的其他能力提升问题。

（3）运动员的社会影响力这一评价指标主要评价培养一名运动员，在其成才或取得优异运动成绩以后，为这个项目所能带来的后续影响。这一指标也是促进运动员培养可持续发展的重要指标，具有非常重要的现实价值。

4.3.4.5 综合素质层面的评价指标

综合素质层面的评价指标主要包括运动员正确的价值观、运动员的集体荣誉感、运动员的道德品质及运动员顽强的意志品质。

运动员综合素质层面的指标从"软实力"角度反映了培养运动员的效果，即拥有正确的价值观、集体荣誉感、道德品质和顽强的意志品质是运动员取得优异运动成绩的重要条件。若运动员在参与运动训练与竞赛的过程中，没有正确的价值观、集体荣誉感、道德品质和顽强的意志品质，则会出现较为功利的参与竞技训练的行为。

4.3.4.6 健康层面的评价指标

健康层面的评价指标主要包括运动损伤程度及运动员的抗压能力，这两个指标共同反映了培养运动员过程中的健康效果。

（1）运动损伤程度这一评价指标主要用于衡量在培养运动员的过程中，投入和产出的问题。在以"举国体制"为主线的运动员管理体制下，并不代表对运动员的培养采取的是"粗放型"的管理模式，应该计算成本和收益。运动损伤程度直接决定了运动员职业生涯的长短，也就决定了运动员对该项目贡献的多少。

（2）运动员的抗压能力是反映运动员心理健康程度的指标。

4.4 确定评价指标权重

指标权重能够反映评价指标体系中某指标相对其他指标而言的重要程度，它既是决策者的主观评价，也是指标物理属性的客观反映。指标权重大小能够反映评价主体对各项评价指标所反映的事物的各个方面的重视程度，同样也反映指标价值的可靠程度。在以往不同主题的研究中，不少学者提出了多种确定权重的方法。

本研究将采用层次分析法对中国优秀女子水球运动员培养效果的综合评价指标体系进行赋权。由于中国优秀女子水球运动员培养效果存在着较为复杂、模糊的问题，以及部分难以量化分析的问题，本研究选用层次分析法进行分析。分析步骤主要包括：①建立梯阶式的层次结构模型；②进行两两比较并构造出各层次的判断矩阵；③对层次进行单排序并进行一致性检验；④对层次进行总排序并进行一致性检验。主要步骤如下。

4.4.1 构建层次结构

层次结构中的层次数多少与研究问题的复杂程度和详尽程度有关，通常情况下层次数是不受限制的。但值得强调的是,每一层次各元素所支配的元素一般不超过9个。若超过9个,则会为后续进行两两比较带来困难。中国优秀女子水球运动员培养效果层次结构如图4-4所示。

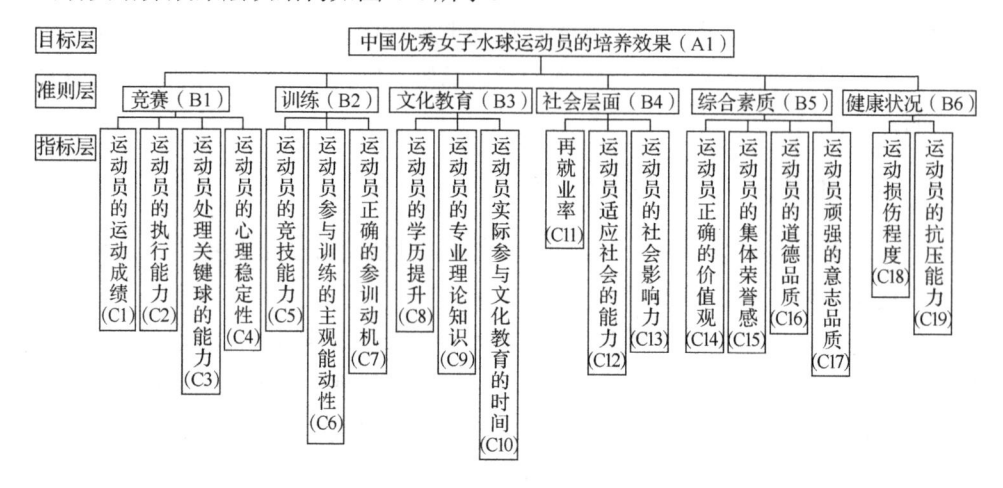

目标层：中国优秀女子水球运动员的培养效果（A1）

准则层：竞赛（B1）、训练（B2）、文化教育（B3）、社会层面（B4）、综合素质（B5）、健康状况（B6）

指标层：
- 运动员的运动成绩（C1）
- 运动员的执行能力（C2）
- 运动员处理关键球的能力（C3）
- 运动员的心理稳定性（C4）
- 运动员的竞技能力（C5）
- 运动员参与训练的主观能动性（C6）
- 运动员正确的参训动机（C7）
- 运动员的学历提升（C8）
- 运动员的专业理论知识（C9）
- 运动员实际参与文化教育的时间（C10）
- 再就业率（C11）
- 运动员适应社会的能力（C12）
- 运动员的社会影响力（C13）
- 运动员正确的价值观（C14）
- 运动员的集体荣誉感（C15）
- 运动员的道德品质（C16）
- 运动员顽强的意志品质（C17）
- 运动损伤程度（C18）
- 运动员的抗压能力（C19）

图4-4 中国优秀女子水球运动员培养效果层次结构

4.4.2 构建判断矩阵

层次结构表达了系统中各子系统之间及各子系统中各要素之间的关系,但准则层中的各准则在目标衡量中所占的比重并不一定相同。本研究对B1~B6进行两两比较。比较的量化值规定为:同等重要为1；稍微重要为3；较强重要为5；强烈重要为7；极为重要为9；两相邻判断的中间值分别为2、4、6、8（表4-15）。

表4-15 本研究指标相对重要性尺度及含义一览表

比较尺度	$B_i:B_j$
1	同等重要
2	
3	稍微重要
4	
5	较强重要
6	
7	强烈重要
8	
9	极为重要

注：取倒数值是对应上述各元素反比较时的尺度值。

4.4.3 采用几何平均法进行归一化处理

求出成对比较矩阵 A 的最大特征值 λ_{max}=6.5726 及其对应的归一化的特征向量 W。W 表示诸因素对上层因素的权重，也被称为权向量，如表 4-16 所示。

$$AW=\lambda_{max}W$$

表 4-16 层次分析法赋权结果

一级指标	特征向量	权重值	λ_{max}	CI 值	二级指标	特征向量	权重值	λ_{max}	CI 值
竞赛	3.000	0.3491			运动员的运动成绩	2.8925	0.5466		
					运动员的执行能力	0.3303	0.0624	4.0964	0.0321
					运动员处理关键球的能力	0.8801	0.1663		
					运动员的心理稳定性	1.1892	0.2247		
训练	2.5372	0.2953	6.5726		运动员的竞技能力	3.3019	0.7375		
					运动员参与训练的主观能动性	0.7937	0.1773	3.0015	0.0008
					运动员正确的参训动机	0.3816	0.0852		
文化教育	0.4248	0.0494			运动员的学历提升	1	0.229		
					运动员的专业理论知识	0.3293	0.0754	3.0764	0.0382
					运动员实际参与文化教育的时间	3.0366	0.6955		
社会	0.2966	0.0345			再就业率	1	0.297		
					运动员适应社会的能力	1.8171	0.5396	3.0092	0.0046
					运动员的社会影响力	0.5503	0.1634		
综合素质	0.602	0.0701		0.1145	运动员正确的价值观	1.968	0.4341		
					运动员的集体荣誉感	0.5623	0.1241	4.1701	0.0567
					运动员的道德品质	1.3161	0.2903		
					运动员顽强的意志品质	0.6866	0.1515		
健康	1.7321	0.2016			运动损伤程度	—	0.833	—	—
					运动员的抗压能力	—	0.167		

4.4.4 进行一致性判断

为保证分析所得到的结果基本合理，还需要对构造的成对比较矩阵进行一致性检验（表 4-17）。CI 值越大，说明不一致的情况越严重。对于 $n>3$ 的成对比较矩阵 A，将它的一致性指标 CI 与同阶的随机一致性指标 RI 之比作为一致性比率 CR。当 A 的一致性程度在允许范围内时，可用其特征向量作为权向量；否则要重新进行成对比较，并对 A 加以调整。

表 4-17 一致性检验结果

最大特征根	CI 值	RI 值	CR 值	一致性检验结果
4.0964	0.0321	0.882	0.0364	通过
3.0015	0.0008	0.525	0.0015	通过
3.0764	0.0382	0.525	0.0728	通过
3.0092	0.0046	0.525	0.0088	通过
4.1701	0.0567	0.882	0.0643	通过
—	—	—	—	—

通过上述赋权方法的确定，最后求得中国优秀女子水球运动员培养效果的综合评价指标体系的各级指标权重系数，如表 4-18 所示。

表 4-18 中国优秀女子水球运动员培养效果的综合评价指标体系的各级指标权重系数

目标层（A）	准则层（B）	指标层（C）
中国优秀女子水球运动员的培养效果	竞赛层面（0.3491）	运动员的运动成绩（0.5466）
		运动员的执行能力（0.0624）
		运动员处理关键球的能力（0.1663）
		运动员的心理稳定性（0.2247）
	训练层面（0.2953）	运动员的竞技能力（0.7375）
		运动员参与训练的主观能动性（0.1773）
		运动员正确的参训动机（0.0852）
	文化教育层面（0.0494）	运动员的学历提升（0.229）
		运动员的专业理论知识（0.0754）
		运动员实际参与文化教育的时间（0.6955）
	社会层面（0.0345）	再就业率（0.297）
		运动员适应社会的能力（0.5396）
		运动员的社会影响力（0.1634）
	综合素质层面（0.0701）	运动员正确的价值观（0.4341）
		运动员的集体荣誉感（0.1241）
		运动员的道德品质（0.2903）
		运动员顽强的意志品质（0.1515）
	健康层面（0.2016）	运动损伤程度（0.833）
		运动员的抗压能力（0.167）

4.5 确定评价等级

评价等级分为 5 个等级：很好、比较好、一般、比较差、很差。因此评语集 V={很好、比较好、一般、比较差、很差}。

4.6 建立多级模糊综合评价模型

根据已经确立权重的指标体系，笔者请 21 名人员，包括行政管理人员、一线教练员、裁判员、仲裁员、高校教师及退役运动员对中国优秀女子水球运动员的培养效果进行了评价（表 4-19）。由于中国优秀女子水球运动员培养效果的各方面好与差不是绝对的，且好与差之间不存在明确的边界，中间经历了一个从量变到质变的连续过渡过程，所以需要利用模糊数学中有关模糊集、隶属度、模糊合成算子等模糊数学基本理论与方法来有效解决上述评价问题。

表 4-19 专家情况表

类别	专家姓名	职务/职称	工作单位
行政管理人员	MST	副部长	中国橄榄球协会（水球项目归属于橄榄球协会）
	WYQ	党委书记	湖南省游泳运动管理中心
	CZL	副主任	湖南省体操运动管理中心（由湖南省游泳运动管理中心调入）
一线教练员		秘书长	湖南省游泳运动协会
	ZL	副主任	上海市竞技体育训练管理中心游泳运动中心
	LSH	领队	广州市水上运动管理中心水球队
	PSH	国家级教练员	上海市竞技体育训练管理中心游泳运动中心
	MAL	国家级教练员	广西水上运动发展中心
	LJ	国家级教练员	广西水上运动发展中心
	LWH	高级教练员	上海市竞技体育训练管理中心游泳运动中心
	GWQ	高级教练员	上海市竞技体育训练管理中心游泳运动中心
	DWQ	高级教练员	福建省游泳运动管理中心
	ZMY	高级教练员	成都体育学院附属竞技体育学校

续表

类别	专家姓名	职务/职称	工作单位
裁判员	WY	中级教练员	深圳市体育运动学校
	ZJ	国际级裁判员	上海市体育运动学校
	PY	国际级裁判员	天津市游泳运动管理中心
	CSL	国家级裁判员	—
	CZW	国家级裁判员	—
仲裁员	SCG	—	上海市竞技体育训练管理中心游泳运动中心
	TC	—	成都体育学院
高校教师	LP	国际级健将	北京体育大学
退役运动员	TF	国际级健将	天津体育职业学院

4.6.1 计算单指标评价向量

4.6.1.1 计算评价指标体系中各二级指标程度

根据表4-20中各二级指标评价结果为"很好""比较好""一般""比较差""很差"的人数，首先计算出相关二级指标的程度（表4-20）。

表4-20 中国优秀女子水球运动员培养效果的综合评价指标体系中各二级指标程度（$N=21$）

指标	很好	比较好	一般	比较差	很差
运动员的运动成绩	0	0.10	0.24	0.29	0.38
运动员的执行能力	0	0.14	0.43	0.24	0.19
运动员处理关键球的能力	0	0.05	0.29	0.43	0.24
运动员的心理稳定性	0	0.10	0.29	0.38	0.24
运动员的竞技能力	0.05	0.43	0.19	0.29	0.05
运动员参与训练的主观能动性	0.05	0.14	0.38	0.24	0.19
运动员正确的参训动机	0.05	0.10	0.19	0.33	0.33
运动员的学历提升	0.14	0.29	0.19	0.24	0.14
运动员的专业理论知识	0.19	0.19	0.24	0.24	0.14
运动员实际参与文化教育的时间	0	0.48	0.10	0.43	0
再就业率	0	0.05	0.43	0.38	0.14
运动员适应社会的能力	0.05	0.24	0.10	0.48	0.14
运动员的社会影响力	0	0.10	0.14	0.48	0.29
运动员正确的价值观	0	0.48	0.10	0.33	0.10

4 中国优秀女子水球运动员培养效果评价

续表

指标	很好	比较好	一般	比较差	很差
运动员的集体荣誉感	0.14	0.24	0.57	0.05	0
运动员的道德品质	0.19	0.24	0.29	0.24	0.05
运动员顽强的意志品质	0.33	0.38	0.24	0.05	0
运动损伤程度	0	0	0.48	0.14	0.38
运动员的抗压能力	0.19	0.24	0.29	0.24	0.05

4.6.1.2 计算评价指标体系中各一级指标程度

在评价指标体系中，属于"竞赛"一级指标的包括运动员的运动成绩、运动员的执行能力、运动员处理关键球的能力及运动员的心理稳定性4个二级指标。这4个二级指标属于"很好""比较好""一般""比较差""很差"的程度用如下矩阵表示：

$$R_{竞赛} = \begin{bmatrix} 0 & 0.10 & 0.24 & 0.29 & 0.38 \\ 0 & 0.14 & 0.43 & 0.24 & 0.19 \\ 0 & 0.05 & 0.29 & 0.43 & 0.24 \\ 0 & 0.10 & 0.29 & 0.38 & 0.24 \end{bmatrix}$$

"竞赛"这一指标下所包括的4个二级指标的权重用如下向量表示：

$$W_{竞赛} = (0.5466 \quad 0.0624 \quad 0.1663 \quad 0.2247)$$

同理，对指标体系中的其余一级指标下的二级指标进行如上处理，得到的结果如下。

在评价指标体系中，属于"训练"一级指标的包括运动员的竞技能力、运动员参与训练的主观能动性及运动员正确的参训动机3个二级指标。这3个二级指标属于"很好""比较好""一般""比较差""很差"的程度用如下矩阵表示：

$$R_{训练} = \begin{bmatrix} 0.05 & 0.43 & 0.19 & 0.29 & 0.05 \\ 0.05 & 0.14 & 0.38 & 0.24 & 0.19 \\ 0.05 & 0.10 & 0.19 & 0.33 & 0.33 \end{bmatrix}$$

"训练"这一指标下所包括的3个二级指标的权重用如下向量表示：

$$W_{训练} = (0.7375 \quad 0.1773 \quad 0.0852)$$

在评价指标体系中，属于"文化教育"一级指标的包括运动员的学历提升、运动员的专业理论知识及运动员实际参与文化教育的时间3个二级指标。这3个二级指标属于"很好""比较好""一般""比较差""很差"的程度用如下矩阵表示：

$$R_{\text{文化教育}} = \begin{bmatrix} 0.14 & 0.29 & 0.19 & 0.24 & 0.14 \\ 0.19 & 0.19 & 0.24 & 0.24 & 0.14 \\ 0 & 0.48 & 0.10 & 0.43 & 0 \end{bmatrix}$$

"文化教育"这一指标下所包括的 3 个二级指标的权重用如下向量表示：

$$W_{\text{文化教育}} = (0.229 \quad 0.0754 \quad 0.6955)$$

在评价指标体系中，属于"社会"一级指标的包括再就业率、运动员适应社会的能力及运动员的社会影响力 3 个二级指标。这 3 个二级指标属于"很好""比较好""一般""比较差""很差"的程度用如下矩阵表示：

$$R_{\text{社会}} = \begin{bmatrix} 0 & 0.05 & 0.43 & 0.38 & 0.14 \\ 0.05 & 0.24 & 0.10 & 0.48 & 0.14 \\ 0 & 0.10 & 0.14 & 0.48 & 0.29 \end{bmatrix}$$

"社会"这一指标下所包括的 3 个二级指标的权重用如下向量表示：

$$W_{\text{社会}} = (0.297 \quad 0.5396 \quad 0.1634)$$

在评价指标体系中，属于"综合素质"一级指标的包括运动员正确的价值观、运动员的集体荣誉感、运动员的道德品质及运动员顽强的意志品质 4 个二级指标。这 4 个二级指标属于"很好""比较好""一般""比较差""很差"的程度用如下矩阵表示：

$$R_{\text{综合素质}} = \begin{bmatrix} 0 & 0.48 & 0.10 & 0.33 & 0.10 \\ 0.14 & 0.24 & 0.57 & 0.05 & 0 \\ 0.19 & 0.24 & 0.29 & 0.24 & 0.05 \\ 0.33 & 0.38 & 0.24 & 0.05 & 0 \end{bmatrix}$$

"综合素质"这一指标下所包括的 4 个二级指标的权重用如下向量表示：

$$W_{\text{综合素质}} = (0.4341 \quad 0.1241 \quad 0.2903 \quad 0.1515)$$

在评价指标体系中，属于"健康"一级指标的包括运动损伤程度和运动员的抗压能力两个二级指标。这两个二级指标属于"很好""比较好""一般""比较差""很差"的程度用如下矩阵表示：

$$R_{\text{健康}} = \begin{bmatrix} 0 & 0 & 0.48 & 0.14 & 0.38 \\ 0.19 & 0.24 & 0.29 & 0.24 & 0.05 \end{bmatrix}$$

"健康"这一指标下所包括的两个二级指标的权重用如下向量表示：

$$W_{\text{健康}} = (0.833 \quad 0.167)$$

4.6.2 计算单级模糊综合评价向量

用模糊合成算子中的"取小—取大"算子将矩阵 $R_{\text{竞赛}}$ 与权重向量 $W_{\text{竞赛}}$ 进行合

成，得到"竞赛"属于"很好""比较好""一般""比较差""很差"的程度结果如下：

$$W_{竞赛} \odot R_{竞赛} = (0.5466 \quad 0.0624 \quad 0.1663 \quad 0.2247) \odot \begin{bmatrix} 0 & 0.10 & 0.24 & 0.29 & 0.38 \\ 0 & 0.14 & 0.43 & 0.24 & 0.19 \\ 0 & 0.05 & 0.29 & 0.43 & 0.24 \\ 0 & 0.10 & 0.29 & 0.38 & 0.24 \end{bmatrix}$$

上述合成结果表示："竞赛"属于"很好""比较好""一般""比较差""很差"的程度分别为 $r_{竞赛}$=（0，0.10，0.24，0.29，0.38）。

根据上述方法，对指标体系中的其余一级指标同样进行如上处理，得到的结果如下：

$$W_{训练} \odot R_{训练} = (0.7375 \quad 0.1773 \quad 0.0852) \odot \begin{bmatrix} 0.05 & 0.43 & 0.19 & 0.29 & 0.05 \\ 0.05 & 0.14 & 0.38 & 0.24 & 0.19 \\ 0.05 & 0.10 & 0.19 & 0.33 & 0.33 \end{bmatrix}$$

上述合成结果表示："训练"属于"很好""比较好""一般""比较差""很差"的程度分别为 $r_{训练}$=（0.05，0.43，0.19，0.29，0.1773）。

$$W_{文化教育} \odot R_{文化教育} = (0.22 \quad 0.0754 \quad 0.6955) \odot \begin{bmatrix} 0.14 & 0.29 & 0.19 & 0.24 & 0.14 \\ 0.19 & 0.19 & 0.24 & 0.24 & 0.14 \\ 0 & 0.48 & 0.10 & 0.43 & 0 \end{bmatrix}$$

上述合成结果表示："文化教育"属于"很好""比较好""一般""比较差""很差"的程度分别为 $r_{文化教育}$=（0.14，0.48，0.19，0.43，0.14）。

$$W_{社会} \odot R_{社会} = (0.297 \quad 0.5396 \quad 0.1634) \odot \begin{bmatrix} 0 & 0.05 & 0.43 & 0.38 & 0.14 \\ 0.05 & 0.24 & 0.10 & 0.48 & 0.14 \\ 0 & 0.10 & 0.14 & 0.48 & 0.29 \end{bmatrix}$$

上述合成结果表示："社会"属于"很好""比较好""一般""比较差""很差"的程度分别为 $r_{社会}$=（0.05，0.24，0.297，0.48，0.1634）。

$$W_{综合素质} \odot R_{综合素质} = (0.4341 \quad 0.1241 \quad 0.2903 \quad 0.1515) \odot \begin{bmatrix} 0 & 0.48 & 0.10 & 0.33 & 0.10 \\ 0.14 & 0.24 & 0.57 & 0.05 & 0 \\ 0.19 & 0.24 & 0.29 & 0.24 & 0.05 \\ 0.33 & 0.38 & 0.24 & 0.05 & 0 \end{bmatrix}$$

上述合成结果表示："综合素质"属于"很好""比较好""一般""比较差""很差"的程度分别为 $r_{综合素质}$=（0.19，0.4341，0.29，0.33，0.10）。

$$W_{健康} \odot R_{健康} = (0.833 \quad 0.167) \odot \begin{bmatrix} 0 & 0 & 0.48 & 0.14 & 0.38 \\ 0.19 & 0.24 & 0.29 & 0.24 & 0.05 \end{bmatrix}$$

上述合成结果表示:"健康"属于"很好""比较好""一般""比较差""很差"的程度分别为 $r_{健康}$=(0.167,0.167,0.48,0.167,0.38)。

4.6.3 单级模糊综合评价分析

根据模糊综合评价向量对中国优秀女子水球运动员培养过程中在竞赛层面作出评价。按照最大隶属原则进行评价,由于属于"很差"的程度为"0.38",是数值最大的,所以可将中国优秀女子水球运动员培养过程中的竞赛效果评价为"很差"。

在训练层面作出评价,由于属于"比较好"的程度为"0.43",是数值最大的,所以可将中国优秀女子水球运动员培养过程中的训练效果评价为"比较好"。

在文化教育层面作出评价,由于属于"比较好"的程度为"0.48",是数值最大的,所以可将中国优秀女子水球运动员培养过程中的文化教育效果评价为"比较好"。

在社会层面作出评价,由于属于"比较差"的程度为"0.48",是数值最大的,所以可将中国优秀女子水球运动员培养过程中的社会效果评价为"比较差"。

在综合素质层面作出评价,由于属于"比较好"的程度为"0.4341",是数值最大的,所以可将中国优秀女子水球运动员培养过程中的综合素质效果评价为"比较好"。

在健康层面作出评价,由于属于"一般"的程度为"0.48",是数值最大的,所以可将中国优秀女子水球运动员培养过程中的健康效果评价为"一般"。

4.6.4 多级模糊综合评价分析

将中国优秀女子水球运动员培养效果看作评价目标,则中国优秀女子水球运动员培养效果及其所包括的 6 个一级指标构成了一个单级模糊综合评价模型。用单级模糊综合评价方法对中国优秀女子水球运动员培养效果做评价,可得到多级模糊综合评价向量。

(1)建立对中国优秀女子水球运动员培养效果进行评价的评价矩阵 $R_{培养效果}$,其结果如下:

4 中国优秀女子水球运动员培养效果评价

$$R_{培养效果} = \begin{bmatrix} 0 & 0.1 & 0.24 & 0.29 & 0.38 \\ 0.05 & 0.43 & 0.19 & 0.29 & 0.1773 \\ 0.14 & 0.48 & 0.19 & 0.43 & 0.14 \\ 0.05 & 0.24 & 0.297 & 0.48 & 0.1634 \\ 0.19 & 0.4341 & 0.29 & 0.33 & 0.1 \\ 0.167 & 0.167 & 0.48 & 0.167 & 0.38 \end{bmatrix}$$

（2）构建对中国优秀女子水球运动员培养效果进行评价的权重向量 $W_{培养效果}$。由于中国优秀女子水球运动员培养效果包括"竞赛""训练""文化教育""综合素质""社会""健康"6个一级指标，所以将这6个指标的权重作为 $W_{培养效果}$，其结果如下：

$$W_{培养效果} = (0.3491 \quad 0.2953 \quad 0.0494 \quad 0.0345 \quad 0.0701 \quad 0.2016)$$

（3）用模糊合成算子中的"取小—取大"算子进行模糊合成，得到中国优秀女子水球运动员培养效果的模糊综合评价向量 $r_{培养效果}$，其结果如下：

$$r_{培养效果} = W_{培养效果} \odot R_{培养效果}$$

$$= (0.3491 \quad 0.2953 \quad 0.0494 \quad 0.0345 \quad 0.0701 \quad 0.2016) \odot \begin{bmatrix} 0 & 0.1 & 0.24 & 0.29 & 0.38 \\ 0.05 & 0.43 & 0.19 & 0.29 & 0.1773 \\ 0.14 & 0.48 & 0.19 & 0.43 & 0.14 \\ 0.05 & 0.24 & 0.297 & 0.48 & 0.1634 \\ 0.19 & 0.4341 & 0.29 & 0.33 & 0.1 \\ 0.167 & 0.167 & 0.48 & 0.167 & 0.38 \end{bmatrix}$$

将中国优秀女子水球运动员培养效果的模糊综合评价向量设为 B，因此 B=（0.167　0.2953　0.24　0.29　0.3491）。根据最大隶属原则进行评价，由于属于"很差"的程度为 0.3491，是数值最大的，所以可认为，当前中国优秀女子水球运动员培养效果为很差。这也再次验证了当前中国女子水球项目在世界大赛中运动成绩持续下滑、社会层面培养的群众参与程度较差、优秀女子水球运动员的社会影响力不够，以及在不同培养模式下，优秀女子水球运动员一直处于"新老交替"、频繁流失的现实状态，使该项目目前处于"瓶颈期"，一直未能重回巅峰的这一现实情况。

4.7 中国优秀女子水球运动员培养效果各层面评价结果分析

4.7.1 竞赛层面的评价结果

从模糊综合评价计算结果来看，在中国优秀女子水球运动员培养过程中，竞赛层面的评价结果为"很差"。这主要表现在近年来中国优秀女子水球运动员的运动成绩持续下滑,从 2008 年北京奥运会、2012 年伦敦奥运会的第五名,一度下滑至 2024 年巴黎奥运会的第十名。针对模糊综合评价得分情况,将评价结果反馈给教练员并对从事一线训练的教练员就评价结果进行了访谈。教练员们普遍认为,当前中国优秀女子水球运动员相较于世界优秀女子水球运动员而言,在比赛中主要是对关键球的处理能力还有所欠缺,且当得分机会出现时,运动员因执行能力、心理稳定性等方面的不足而无法处理好关键球。

4.7.2　训练层面的评价结果

从模糊综合评价计算结果来看,在中国优秀女子水球运动员培养过程中,训练层面的评价结果为"比较好"。这主要表现在运动员参与训练的主观能动性、运动员正确的参训动机及运动员竞技能力的提升。较以往而言,现在的中国优秀女子水球运动员在参与训练过程中的积极性与自觉性有了较大提升,并且能够认识到训练是为了自身更好地发展。中国优秀女子水球运动员的参训动机也从过往为了"物质待遇"才勉强进行训练,开始逐渐转变为"精神层面"的追求,认为自身获取优异运动成绩对这个项目在社会上的影响力有非常大的帮助,从而能够自觉地进行训练,明显感受到运动员参与训练的主观能动性的提升,这也是相关管理人员长期对运动员进行"非业务能力"的教育导致的运动员参训动机的变化。此外,由于"举国体制"的制度优势,中国优秀女子水球运动员的训练从借鉴男子水球运动员的"经验训练"逐渐转变为具有科学依据的系统训练,使中国优秀女子水球运动员在竞技能力方面,从量化指标上有了明显的提升。从模糊综合评价的结果来看,在中国优秀女子水球运动员培养过程中,训练层面效果较好,竞赛层面效果却很差。从内在逻辑来看,这说明中国优秀女子水球运动员的运动成绩持续下滑的主要原因并非训练层面的某些因素导致的,因而应该调整培养方向,从培养的其他方面下功夫。

4.7.3　文化教育层面的评价结果

从模糊综合评价计算结果来看,在中国优秀女子水球运动员培养过程中,相关管理人员对中国优秀女子水球运动员的文化教育非常重视,导致评价结果中关于文化教育层面的隶属度较好。这主要是因为相关管理人员在对中国优秀女子水球运动员的培养过程中开始重视除训练、竞赛以外的其他方面的培养，如学历的提升或其他"软实力"的培养。从调查中发现，当前中国优秀女子水球运动员的学历大多为本科，培养模式上除传统的"三级训练网"以外，还存在"高校与政府体育主管部门共建""高校培养"等其他培养模式并存的情况。因此中国优秀女子水球运动员在接受专业训练的同时，同样也可以接受文化教育。从一代又一代的优秀女子水球运动员身上体现出学历的不断提升，出现了很多拥有硕士学位及在读博士研究生的优秀运动员，这些优秀的女子水球运动员并不简单是为了解决文化教育问题，通过"挂学籍"的方式获得高等教育的学历，实际并未真正接受教育。这部分在"高校培养"或"高校与政府体育主管部门共建"的培养模式下进行专业训练的优秀女子水球运动员是真正参与接受了文化教育，满足当代社会对运动员这一特殊群体的培养目标。这从运动员全面发展的角度来看，对中国优秀女子水球运动员的培养有非常大的促进作用，同时也对该项目及对运动员培养的可持续发展有积极影响。

4.7.4　社会层面的评价结果

从模糊综合评价计算结果来看，在中国优秀女子水球运动员培养过程中，社会层面的评价结果为"比较差"。这主要是因为该项目在我国的普及程度并不高，群众参与程度及对该项目的认识度也不高。即便中国优秀女子水球运动员获得了优异运动成绩，也无法拥有一定的社会影响力或使项目得到更好的宣传。此外，目前该项目的发展仍然过多依赖"举国体制"的制度优势，在这一制度优势下，对于运动员的培养，虽然能够获得很多较好的资源，但是仍然有弊端。例如，在解决运动员适应社会或就业问题等方面，部分优秀女子水球运动员在退役以后能够顺利解决后续工作问题，但是仍然有大部分优秀女子运动员需要自主择业。这些需要自主择业的优秀女子运动员由于存在技能受限等问题，可能无法获得较好的职业发展，后期的生活问题无法得到有效解决。这一系列的问题也影响了该项目后续的发展。人们在选择该运动项目时可能考虑到这些后续问题，而放弃从事这项运动，从而导致这项运动仍然存在群众参与程度低、社会影响力较弱的情况。长此以往，便形成了一个"恶性循环"的局面，更不利于优秀女子水球运动员培养的可持续发展。

4.7.5 综合素质层面的评价结果

从模糊综合评价计算结果来看，在中国优秀女子水球运动员培养过程中，综合素质层面的评价结果为"比较好"。这主要体现在中国优秀女子水球运动员在道德品质、意志品质、正确的价值观及集体荣誉感等方面的培养有较好的效果。随着老队员的退役、新队员的加入，在"新老交替"的过程中，教练员开始逐渐认识到在培养中国优秀女子水球运动员的专项能力的同时，加强运动员综合素质的培养对其成长与成才的重要性。运动员的道德品质及价值观决定了人品；而运动员的意志品质与集体荣誉感则对其获取优异运动成绩有一定的影响作用。当运动员获得优异运动成绩以后，其正确的价值观也将反作用于自身其他方面，从而综合地提高中国优秀女子水球运动员的培养质量。在一代又一代的优秀女子水球运动员的培养过程中，从最初只看"运动成绩"，到逐渐加入其他方面的教育，使中国优秀女子水球运动员整体的综合素质有了较大提升。中国优秀女子水球运动员的道德品质、意志品质、集体荣誉感的提升，以及正确的价值观的树立，是一个长期的过程，它们同时也代表了球队的素质。对于这些"非业务能力"的培养，我们将其称为对运动员"软实力"的建设，而运动员的"软实力"的提升，最终会对中国优秀女子水球项目的运动成绩产生积极的影响。

4.7.6 健康层面的评价结果

从模糊综合评价计算结果来看，在中国优秀女子水球运动员培养过程中，健康层面的评价结果为"一般"。这主要体现在中国优秀女子水球运动员的运动损伤程度和心理抗压能力两个方面。女子水球项目在项群的分类中属于技战能主导类同场对抗性项目，这类项目均具有身体上的直接接触和高强度的对抗，而且在女子水球比赛过程中，除对运动员的耳朵有护具保护以外，其他身体部位没有任何护具，因此在训练和比赛中，运动员受伤的概率较大。相较于男子水球项目，从客观条件上，男子水球运动员更多地依靠身体对抗来创造得分优势，而女子水球运动员除了身体对抗，还会借助拉扯泳衣等多种水下技术动作，因此大部分优秀女子水球运动员存在伤病，这些伤病会影响其职业生涯长短，从而使我国女子水球队伍一直处于"新老交替""大赛经验不足"的状态。在心理抗压能力方面，由于年轻运动员参加大赛的机会和经历并不多，或者由于年龄较小等因素，中国优秀女子水球运动员在大赛期间，尤其是面对重要的比赛场次，处于僵持、落后等状态时，缺乏打"逆风球"所需的强大的心理抗压能力。

小　　结

本部分通过对当前中国优秀女子水球运动员培养效果进行模糊综合评价，构建了中国优秀女子水球运动员培养效果的综合评价指标体系。从模糊综合评价计算结果来看，在中国优秀女子水球运动员培养过程中，竞赛层面的培养效果隶属于"很差"的程度为0.38；训练、文化教育及综合素质层面的培养效果隶属于"比较好"的程度分别为0.43、0.48及0.4341；社会层面的培养效果隶属于"比较差"的程度为0.48；健康层面的培养效果隶属于"一般"的程度为0.48。研究发现，训练层面的培养效果较好，但竞赛层面的培养效果很差，特别是表现在竞赛层面的"运动成绩"这一指标，这说明目前导致中国优秀女子水球运动员竞赛效果不好的原因，并不集中于训练层面的因素，而更多应该考虑非训练层面的因素。

5 中国优秀女子水球运动员培养影响因素分析

【内容提要】本部分根据中国优秀女子水球运动员培养过程中影响因素的测量量表，对初始量表进行小范围预调查，剔除不符合要求的题项并根据预调查进行信度及效度检验后，进行大范围的正式问卷发放，对得到的数据采用 SPSS 19.0 进行探索性因子分析，从而得到中国优秀女子水球运动员培养的主要影响因素，并通过结构方程模型验证研究构建的中国优秀女子水球运动员培养影响因素理论模型中各潜在变量之间的关系及模型拟合度，并分析培养效果中优势因素与薄弱因素对中国优秀女子水球运动员培养的具体影响，从而为中国优秀女子水球运动员的培养提出切实可行的路径。

在第 4 部分的研究中，对当前中国优秀女子水球运动员培养的各方面效果作出了独立评价。本部分基于第 4 部分的独立评价结果，采用定量分析的方法，对影响中国优秀女子水球运动员培养效果的因素进行系统分析。

5.1 研究过程设计

5.1.1 相关测量变量设计

关于中国优秀女子水球运动员的培养问题，目前还没有较为成熟且可直接借鉴的相关测量量表。本研究在参考其他运动项目相关研究的同时，结合中国优秀女子水球运动员培养的实际情况，初步设计中国优秀女子水球运动员培养影响因素初始题项，并通过对从事水球一线教学与训练的教练员、裁判员及管理人员进行访谈，整理、合并及归纳初始题项，制定了中国优秀女子水球运动员培养影响因素的初始题项来源表（表 5-1）。

5 中国优秀女子水球运动员培养影响因素分析

表 5-1 中国优秀女子水球运动员培养影响因素的初始题项来源表

序号	题项目录	题项来源
1	人际关系	吴阳[①]
2	经费	访谈管理人员
3	运动员的参训动机	访谈管理人员
4	运动员的竞技能力	访谈教练员
5	运动员的心理能力	访谈教练员
6	运动员的体能	访谈教练员
7	运动员的技术能力	访谈教练员
8	运动员的战术能力	访谈教练员
9	运动员的运动智能	访谈教练员
10	运动项目开展的成本与难度	访谈管理人员
11	运动员的社会影响力	访谈管理人员
12	政策支持力度	访谈管理人员
13	管理问题	访谈管理人员
14	教练员的执教水平	李继辉[②]
15	培养模式	访谈管理人员
16	培养系统的可持续性	访谈管理人员
17	该项目的技术环境	访谈教练员
18	运动员自下而上输送路径的通畅性	访谈教练员
19	体育科技发展水平	访谈管理人员
20	运动员对战术的理解	访谈教练员
21	遗传因素	访谈教练员
22	运动员参赛的价值观	访谈管理人员
23	社会接受程度	访谈管理人员
24	项目推广与普及程度	访谈管理人员
25	裁判员因素	访谈仲裁员
26	运动员个性心理特征	访谈教练员
27	地区水球的整体竞技水平	访谈教练员
28	运动员实际参与文化教育的时间	访谈管理人员
29	水球项目的比赛规则变化	访谈教练员
30	运动员个人的志向	访谈管理人员
31	就业问题	访谈管理人员
32	训练计划制订的科学性	访谈教练员
33	科学研究介入程度	访谈教练员

---

① 吴阳. 中国网球教练员执教能力及影响因素研究[D]. 上海：上海体育学院，2017.
② 李继辉. 我国田径教练员素质结构与岗位培训体系研究[D]. 北京：北京体育大学，2008.

续表

序号	题项目录	题项来源
34	社会保障制度	种莉莉[1]
35	科技进步	董海军[2]
36	社会对运动员培养的认可程度	柳建庆[3]
37	运动员的培养体制	舒钢民，霍军[4]
38	运动员的培训体系	关朝阳，张建[5]
39	心理稳定性	访谈教练员
40	训练计划制订与执行	陆强毅[6]
41	训练科学性	毕红星，丁月兰[7]
42	训练过程监控能力	靳强[8]
43	教练员-运动员关系	钟日升[9]
44	运动员的学历提升情况	访谈专家
45	运动员的专业理论知识	访谈专家
46	运动损伤程度	访谈教练员
47	运动员的抗压能力	访谈教练员

由于水球运动的相关研究较少，初始题项多来源于对教练员、裁判员及管理人员的访谈。从表5-1中可以看出，初始题项中包含了47项能够反映中国优秀女子水球运动员培养影响因素。为了避免题项重复表达、表达不清晰或存在缺失表达等情况，笔者再次请各位教练员、裁判员、管理人员及相关领域的专家对初始题项是否需要删减或增加进行探讨。经过各位专家对初始题项的合并、删减、凝练及归纳，认为题项5、6、7、8、9、20、26、39归属于题项4"运动员的竞技能力"；题项1、43都属于"人际关系"一类；题项23、24属于重复表达；题项11、36属于重复表达；题项14、32、40、41、42属于重复表达，都属于"教练员的执教水平"这一范畴；题项13、15、16、37、38则共同探讨了运动员培养过

---

[1] 种莉莉. 我国体育系统人才资源现状调查及对策研究[J]. 中国体育科技, 2013, 49 (3): 11-19.
[2] 董海军. 2000—2005年期间科技进步对我国竞技体育发展的作用与贡献的研究[D]. 上海：上海体育学院, 2009.
[3] 柳建庆. 中国篮球教练员职业地位获得研究[D]. 北京：北京体育大学, 2008.
[4] 舒刚民，霍军. 现阶段中国篮球高级教练员的培养与发展策略研究[J]. 西安体育学院学报, 2011, 28(5): 612-619.
[5] 关朝阳，张建. 我国体育教练员培养体系及岗位培训的研究[J]. 山东体育学院学报, 2008 (3): 36-38.
[6] 陆强毅. 试论高水平游泳运动员阶段训练计划的制定与执行——以1500米自由泳项目为例[J]. 南京体育学院学报（自然科学版）, 2010, 9 (3): 52-54, 42.
[7] 毕红星，丁月兰. 当前运动训练科学性特征及其发展新观点[J]. 辽宁体育科技, 2008 (6): 1-4.
[8] 靳强. 跳远运动员技术训练的运动学监控研究[D]. 北京：北京体育大学, 2015.
[9] 钟日升. 我国教练员与运动员关系现状的分析及教练员角色定位与对策[J]. 武汉体育学院学报, 2004 (6): 170-172.

程中的制度体系等问题,同属于管理层面;题项 19、33、35 则主要反映中国优秀女子水球运动员培养过程中体育科技及科研的参与水平;题项 7、8、10、11 都属于题项 9 的范畴,逻辑上应该进行合并,且本研究在模糊综合评价结果中竞赛层面隶属于"很差"这一主题下,讨论的是导致中国优秀女子水球运动员竞赛层面表现出"很差"的主要因素,专家们认为题项 7 不太符合主题,所以决定删除。此外,在这一轮中新增了题项"运动员的频繁流失""科技介入训练的程度""项目的群众参与程度",经过合并、删除和新增,最终将中国优秀女子水球运动员培养影响因素初始题项确定为 23 个,如表 5-2 所示。本研究仍然采用李克特五级量表对初始题项予以赋值。

表 5-2 中国优秀女子水球运动员培养影响因素初始题项测量量表

序号	题项描述	非常不符合	比较不符合	一般	比较符合	非常符合
1	运动员的竞技能力	□ 1	□ 2	□ 3	□ 4	□ 5
2	遗传因素	□ 1	□ 2	□ 3	□ 4	□ 5
3	运动损伤程度	□ 1	□ 2	□ 3	□ 4	□ 5
4	人际关系	□ 1	□ 2	□ 3	□ 4	□ 5
5	运动员的参训动机	□ 1	□ 2	□ 3	□ 4	□ 5
6	运动员个人的志向	□ 1	□ 2	□ 3	□ 4	□ 5
7	政策支持力度	□ 1	□ 2	□ 3	□ 4	□ 5
8	科技介入训练的程度	□ 1	□ 2	□ 3	□ 4	□ 5
9	运动员的频繁流失	□ 1	□ 2	□ 3	□ 4	□ 5
10	地区水球的整体竞技水平	□ 1	□ 2	□ 3	□ 4	□ 5
11	经费	□ 1	□ 2	□ 3	□ 4	□ 5
12	运动员自下而上输送路径的通畅性	□ 1	□ 2	□ 3	□ 4	□ 5
13	运动员参赛的价值观	□ 1	□ 2	□ 3	□ 4	□ 5
14	裁判员因素	□ 1	□ 2	□ 3	□ 4	□ 5
15	教练员的执教水平	□ 1	□ 2	□ 3	□ 4	□ 5
16	水球项目的比赛规则变化	□ 1	□ 2	□ 3	□ 4	□ 5
17	运动员实际参与文化教育的时间	□ 1	□ 2	□ 3	□ 4	□ 5
18	运动员的学历提升情况	□ 1	□ 2	□ 3	□ 4	□ 5
19	运动员的专业理论知识	□ 1	□ 2	□ 3	□ 4	□ 5
20	运动员对知识的接收能力	□ 1	□ 2	□ 3	□ 4	□ 5
21	运动员的社会影响力	□ 1	□ 2	□ 3	□ 4	□ 5
22	就业问题	□ 1	□ 2	□ 3	□ 4	□ 5
23	项目的群众参与程度	□ 1	□ 2	□ 3	□ 4	□ 5

量表的内容效度反映了需要测量的内容和实际检测到的内容间的吻合程度。本研究通过专家打分的方式，对该初测量表进行内容效度打分（表5-3），再根据内容效度指数（Content Validity Index，CVI）评价初测量表的内容效度[1]，分为I-CVI（条目水平的内容效度指数）和S-CVI（量表水平的内容效度指数）。I-CVI通过随机一致性概率（P_c）的估计及K^*的计算，最后对随机一致性进行校正后，I-CVI越大，表示量表的内容效度越好[2]。由于本研究为量表打分的专家人数为6人，I-CVI需要大于或等于0.78。

第一步，随机一致性概率的估计：

$$P_c = \left[\frac{n!}{A!(n-A)}\right] \times 0.5^n$$

第二步，K^*值的计算：

$$K^* = \frac{1 - \text{CVI} - P_c}{1 - P_c}$$

CVI分为两类：一类为全体一致S-CVI（Universal Agreement，S-CVI/UA），即被所有专家评为3分或4分的条目数占全部条目的百分比；另一类为平均S-CVI（S-CVI/Ave），本研究通过计算量表所有条目I-CVI的均数来得到初测量表的S-CVI/Ave。

从表5-3中可以看出，中国优秀女子水球运动员培养影响因素初测量表中，共有22个条目的I-CVI大于0.78，K^*大于0.74，说明这些条目内容效度优秀。条目22的I-CVI为0.67，对随机一致性进行校正后得到K^*为0.56，表示内容效度一般，应进行修改或删除。在量表中，专家全部评为3分或4分的条目共有17个，因此得出该初测量表的S-CVI/UA为0.739，低于0.8。再计算所有条目I-CVI的均数，得到S-CVI/Ave为0.949，大于0.90。结合S-CVI/UA和S-CVI/Ave，本研究认为该初测量表的内容效度指数尚可，删除条目22以后，S-CVI得到进一步改良。

表5-3 中国优秀女子水球运动员培养影响因素初测量表专家评分及内容效度指数计算表

条目	专家评分 A B C D E F	评分为3分或4分的专家人数	I-CVI	P_c	K^*	评价
1	4 3 4 4 4 3	6	1.00	0.016	1.00	优秀
2	4 4 4 3 4 3	6	1.00	0.016	1.00	优秀
3	3 3 4 4 3 3	6	1.00	0.016	1.00	优秀

---

[1] 骆雷,刘炜,张孟艳,等.体育管理实证研究中的量表应用：常见问题与改进建议[J].上海体育学院学报,2021,45(11):61-70.

[2] 史静琤,莫显昆,孙振球.量表编制中内容效度指数的应用[J].中南大学学报(医学版),2012,37(2):152-155.

续表

条目	专家评分 A B C D E F	评分为3分或4分的专家人数	I-CVI	P_c	K^*	评价
4	4 4 4 3 3 4	6	1.00	0.016	1.00	优秀
5	3 4 3 4 3 3	6	1.00	0.016	1.00	优秀
6	4 4 4 3 3 4	6	1.00	0.016	1.00	优秀
7	4 3 4 4 3 3	6	1.00	0.016	1.00	优秀
8	4 3 3 2 3 4	5	0.83	0.094	0.81	优秀
9	4 4 4 4 3 4	6	1.00	0.016	1.00	优秀
10	4 3 4 4 3 3	6	1.00	0.016	1.00	优秀
11	3 3 3 4 3 2	5	0.83	0.094	0.81	优秀
12	4 4 4 4 3 3	6	1.00	0.016	1.00	优秀
13	4 3 4 4 3 3	6	1.00	0.016	1.00	优秀
14	3 3 4 4 3 3	6	1.00	0.016	1.00	优秀
15	3 3 4 2 3 4	5	0.83	0.094	0.81	优秀
16	4 4 4 4 3 2	5	0.83	0.094	0.81	优秀
17	3 3 4 3 3 4	6	1.00	0.016	1.00	优秀
18	4 4 4 4 3 3	6	1.00	0.016	1.00	优秀
19	3 2 3 4 3 4	5	0.83	0.094	0.81	优秀
20	4 3 4 4 3 3	6	1.00	0.016	1.00	优秀
21	4 4 4 4 3 4	6	1.00	0.016	1.00	优秀
22	3 2 3 2 2 3	4	0.67	0.234	0.57	一般
23	3 3 4 3 3 4	6	1.00	0.016	1.00	优秀

在对初测量表的内容效度进行打分后，修正或删除不符合本研究要求的题项。在删除题项后，最终形成了中国优秀女子水球运动员培养影响因素初测量表（表5-4）。

表5-4 中国优秀女子水球运动员培养影响因素初测量表

序号	题项描述	非常不符合	比较不符合	一般	比较符合	非常符合
1	运动员的竞技能力	□1	□2	□3	□4	□5
2	遗传因素	□1	□2	□3	□4	□5
3	运动损伤程度	□1	□2	□3	□4	□5
4	人际关系	□1	□2	□3	□4	□5
5	运动员的参训动机	□1	□2	□3	□4	□5
6	运动员个人的志向	□1	□2	□3	□4	□5

续表

序号	题项描述	非常不符合	比较不符合	一般	比较符合	非常符合
7	政策支持力度	□ 1	□ 2	□ 3	□ 4	□ 5
8	科技介入训练的程度	□ 1	□ 2	□ 3	□ 4	□ 5
9	运动员的频繁流失	□ 1	□ 2	□ 3	□ 4	□ 5
10	地区水球的整体竞技水平	□ 1	□ 2	□ 3	□ 4	□ 5
11	经费	□ 1	□ 2	□ 3	□ 4	□ 5
12	运动员自下而上输送路径的通畅性	□ 1	□ 2	□ 3	□ 4	□ 5
13	运动员参赛的价值观	□ 1	□ 2	□ 3	□ 4	□ 5
14	裁判员因素	□ 1	□ 2	□ 3	□ 4	□ 5
15	教练员的执教水平	□ 1	□ 2	□ 3	□ 4	□ 5
16	水球项目的比赛规则变化	□ 1	□ 2	□ 3	□ 4	□ 5
17	运动员实际参与文化教育的时间	□ 1	□ 2	□ 3	□ 4	□ 5
18	运动员的学历提升情况	□ 1	□ 2	□ 3	□ 4	□ 5
19	运动员的专业理论知识	□ 1	□ 2	□ 3	□ 4	□ 5
20	运动员对知识的接收能力	□ 1	□ 2	□ 3	□ 4	□ 5
21	运动员的社会影响力	□ 1	□ 2	□ 3	□ 4	□ 5
22	项目的群众参与程度	□ 1	□ 2	□ 3	□ 4	□ 5

5.1.2 问卷调查

5.1.2.1 问卷预调查

研究前期已进行了问卷的内容效度检验，在开始正式调查前先进行预调查。本次预调查主要对相关教练员、裁判员、管理人员及部分优秀运动员发放调查问卷，共计发放 118 份问卷，回收 117 份问卷，问卷回收率为 99.15%，有效率为 100%。问卷信度检验主要是对内部一致性信度检验，将采用 Cronbach's Alpha 系数来衡量，结果显示 $\alpha=0.916$，表示问卷内部信度良好（表 5-5）。

表 5-5 问卷信度检验（$n=117$）

变量	数值
Cronbach's Alpha	0.916
项数	22

预调查问卷的结构效度将通过探索性因子分析进行检验，因子分析是一种数据降维的统计分析方法。对数据进行因子分析之前，首先要通过 KMO 及 Bartlett 球形检验对其进行独立性检验。Bartlett 球形检验包括两种假设：原假设为相关系

数矩阵为单位矩阵,原有变量适合做因子分析;备择假设为相关系数矩阵不是单位矩阵,原有变量不适合做因子分析[①]。结果为 KMO=0.776,Bartlett 球形检验 p=0.000,说明该问卷具有良好的结构效度且适合做因子分析,可投入使用,如表 5-6 所示。

表 5-6　KMO 样本测度和 Bartlett 球形检验结果一览表（n=117）

取样足够度的 KMO 度量		0.776
Bartlett 球形检验	近似卡方	4199.332
	Df	231
	Sig.	0.000

5.1.2.2　正式问卷调查

实证研究对样本的数量具有一定规模的要求,并且不同学者对探索性因子分析这一方法提出了各自的建议。由于本研究涉及的研究对象为中国优秀女子水球运动员这一特殊群体,且水球这项运动在我国并不普及,从事该项目的优秀运动员及相关从业人员的数量极为有限,所以本研究在通过预调查信度和效度检验后,尽可能扩大调查范围,以满足样本量与变量为 5∶1 的比例。本次正式调查的调查问卷一共发放 208 份,回收 206 份,有效问卷为 206 份,回收率为 99.04%,有效率为 100%。在正式调查中,由于样本量增大,数据量也进一步增加,所以本研究对回收的正式问卷的数据进行探索性因子分析,并采用 Cronbach's Alpha 系数再次进行信度和结构效度检验。只有检验通过,得到的因子才具有统计学意义。

（1）正式调查问卷的信度检验,如表 5-7 所示。

表 5-7　正式调查问卷的信度检验（n=206）

变量	数值
Cronbach's Alpha	0.922
项数	22

（2）正式调查问卷的结构效度检验,如表 5-8 所示。

表 5-8　正式调查问卷的结构效度检验（n=206）

取样足够度的 KMO 度量		0.727
Bartlett 球形检验	近似卡方	10920.597
	Df	231
	Sig.	0.000

---

① 马庆国. 中国管理科学研究面临的几个关键问题[J]. 管理世界,2002（8）:105-115,140.

从表 5-7 和表 5-8 中的数据来看，正式调查问卷具有良好的信度和结构效度。

从表 5-9 对因子分析过程中的数据来看，总体累计方差贡献率为 89.492%，说明这 5 个公因子基本反映了原有 22 个因子的绝大部分信息。

表 5-9　总方差解释一览表

成分	初始特征值 合计	方差贡献率/%	累计方差贡献率/%	提取平方和载入 合计	方差贡献率/%	累计方差贡献率/%	旋转平方和载入 合计	方差贡献率/%	累计方差贡献率/%
1	9.048	41.126	41.126	9.048	41.126	41.126	4.996	22.708	22.708
2	3.992	18.147	59.273	3.992	18.147	59.273	4.862	22.101	44.810
3	3.286	14.934	74.207	3.286	14.934	74.207	3.972	18.054	62.863
4	2.050	9.316	83.524	2.050	9.316	83.524	3.960	17.998	80.862
5	1.313	5.968	89.492	1.313	5.968	89.492	1.899	8.630	89.492
6	0.913	4.149	93.641						
7	0.557	2.531	96.172						
8	0.509	2.314	98.486						
9	0.075	0.340	98.826						
10	0.050	0.228	99.053						
11	0.047	0.213	99.266						
12	0.041	0.185	99.451						
13	0.029	0.131	99.582						
14	0.022	0.099	99.681						
15	0.018	0.080	99.761						
16	0.013	0.060	99.821						
17	0.013	0.058	99.880						
18	0.012	0.053	99.933						
19	0.007	0.033	99.966						
20	0.004	0.018	99.984						
21	0.003	0.013	99.996						
22	0.001	0.004	100.000						

注：提取方法为主成分分析。

表 5-10 为通过正交旋转法，经过 5 次迭代后收敛的旋转后各因子载荷量。通

过采用探索性因子分析进行检验，旋转后高于 0.5 的因子载荷最大值用来代表该项因子，并依据同类变量的共性及可持续发展的系统理论，对提取的公因子进行命名。结果显示：公因子 1 主要体现在原始变量 F7、F8、F9、F10、F11、F12 上，将其命名为环境支持子系统；公因子 2 主要体现在原始变量 F1、F2、F3、F4、F5、F6 上，将其命名为生存支持子系统；公因子 3 主要体现在原始变量 F13、F14、F15、F16 上，将其命名为发展支持子系统；公因子 4 主要体现在原始变量 F17、F18、F19、F20 上，将其命名为智力支持子系统；公因子 5 主要体现在原始变量 F21、F22 上，将其命名为社会支持子系统。

表 5-10　旋转后因子的载荷量一览表

指标	成分 1	成分 2	成分 3	成分 4	成分 5
运动员的竞技能力		0.832			
遗传因素		0.836			
运动损伤程度		0.907			
人际关系		0.895			
运动员的参训动机		0.902			
运动员个人的志向		0.612			
政策支持力度	0.702				
科技介入训练的程度	0.722				
运动员的频繁流失	0.920				
地区水球的整体竞技水平	0.917				
经费	0.903				
运动员自下而上输送路径的通畅性	0.922				
运动员参赛的价值观			0.964		
裁判员因素			0.980		
教练员的执教水平			0.973		
水球项目的比赛规则变化			0.980		
运动员实际参与文化教育的时间				0.975	
运动员的学历提升情况				0.992	
运动员的专业理论知识				0.992	
运动员对知识的接收能力				0.983	
运动员的社会影响力					0.919
项目的群众参与程度					0.919

5.2 概念模型构建

根据相关理论阐述与探索性因子分析自然生成的计算结果，本研究构建了中国优秀女子水球运动员培养影响因素的概念模型（图5-1）。

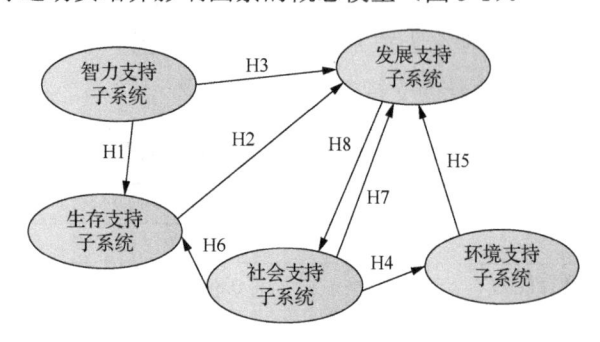

图 5-1 中国优秀女子水球运动员培养影响因素的概念模型

需要强调的是，中国优秀女子水球运动员培养影响因素的概念模型是根据可持续发展理论的系统学方向，在前人对运动员培养一般理论的归纳和总结的基础上重新构建的。相较于前人提出的运动训练子系统、运动竞赛子系统及社会保障子系统，本研究依托可持续发展理论的系统学方向增加了环境支持子系统及智力支持子系统。过往提出的运动员培养系统只是较为简单地将各子系统进行分类，并没有阐释清楚各子系统之间的关系；本研究中增加了各潜在变量之间的因果关系，在前期的专家咨询及调研过程中发现这些潜在变量之间存在着单向或双向的影响关系。

5.3 研究假设提出

本研究基于可持续发展系统学理论提出中国优秀女子水球运动员培养影响因素的概念模型，包括生存支持子系统、发展支持子系统、环境支持子系统、社会支持子系统及智力支持子系统。其中，将运动员的参训动机及运动损伤程度等归于生存支持子系统；将运动员的竞赛层面的相关指标归于发展支持子系统；将运动员的学历提升情况、运动员实际参与文化教育的时间、运动员的专业理论知识及运动员对知识的接收能力归于智力支持子系统；将运动员的社会影响力、项目的群众参与程度归于社会支持子系统，它同时也是保障中国优秀女子水球项目可持续发展的基础条件；在中国优秀女子水球运动员的培养问题上，环境支持子系统则不仅仅指代自然环境，更多地指代项目的技术环境，包括地区水球的整体竞技水平、经费、政策支持力度、运动员的频繁流失及运动员自下而上输送路径的通畅性等各方面的培养条件。以上 5 个子系统又同时对中国优秀女子水球运动员的培养效果具有一定的影响。因此，本研究提出了以下假设。

假设 1（H1）：智力支持子系统对生存支持子系统具有正向显著影响。
假设 2（H2）：生存支持子系统对发展支持子系统具有正向显著影响。
假设 3（H3）：智力支持子系统对发展支持子系统具有正向显著影响。
假设 4（H4）：社会支持子系统对环境支持子系统具有正向显著影响。
假设 5（H5）：环境支持子系统对发展支持子系统具有正向显著影响。
假设 6（H6）：社会支持子系统对生存支持子系统具有正向显著影响。
假设 7（H7）：社会支持子系统对发展支持子系统具有正向显著影响。
假设 8（H8）：发展支持子系统对社会支持子系统具有正向显著影响。

5.4 结构方程模型的建立与评价

5.4.1 结构方程模型简介

结构方程模型（Structural Equation Modeling，SEM）又称潜在变量模型（Latent Variable Model，LVM）[1]，它是一种将因素分析（Factor Analysis）和路径分析（Path Analysis）两种统计方法进行整合，并多运用于当代行为与社会领域量化研究的重要统计方法。结构方程模型用于验证模型中包含的显性变量、潜在变量、干扰或误差变量间的关系[2]。在社会科学研究中，由于变量与变量之间的关系较为复杂，存在着单向或双向的关系，且部分变量并不能直接观测，称之为潜在变量，这些潜在变量较难量化，因此传统的计算方法无法达到研究目的。20 世纪 80 年代以

---

[1] MOUSTAKI I, JÖRESKOG K G, MAVRIDIS D. Factor models for ordinal variables with covariate effects on the manifest and latent variables: A comparison of LISREL and IRT approaches[J]. Structural equation modeling a multidisciplinary journal, 2004, 11(4): 487-513.
[2] 吴明隆. 结构方程模型——AMOS 的操作与应用[M]. 重庆：重庆大学出版社，2009.

后，由于传统的统计学方法中存在因潜在变量较难量化而无法达到研究目的的情况，结构方程模型弥补了传统方法的不足，从而迅速发展起来。

结构方程模型具有以下几个特性[①]：①结构方程模型具有理论先验性；②结构方程模型可同时处理测量与分析问题；③结构方程模型分析的核心概念是变量的协方差；④在结构方程模型分析中，每个观察变量有 5 个样本足够，最好有 10 个样本以上[②]；⑤结构方程模型主要用来检查观测变量与潜在变量之间的假设关系，融合因素分析与路径分析两种统计方法；⑥结构方程模型重视多重统计指标的运用。由结构方程模型的特性可以看出，其优势在于可以把不能直接进行测量的因素以潜在变量的方式纳入研究过程，然后利用显变量的关系进行方程化分析，并且在测量过程中产生的数据误差将包含在分析变量的内在关系运算内。

5.4.2 模型建立

结合上述分析，本研究将采用 AMOS 26.0 软件构建关于中国优秀女子水球运动员培养影响因素的结构方程初步模型（图 5-2）。结构方程模型分为结构模型和测量模型，结构模型用来反映潜在变量之间的关系，本研究中的潜在变量主要是指生存支持子系统、发展支持子系统、智力支持子系统、社会支持子系统及环境支持子系统；而测量模型用来描述潜在变量与指标之间的关系。

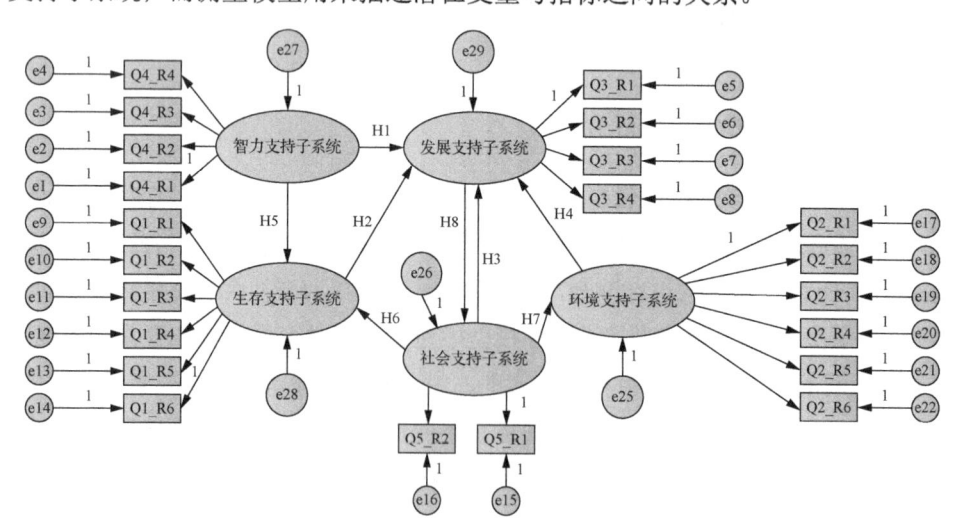

图 5-2　中国优秀女子水球运动员培养影响因素的结构方程初步模型

---

① 邱皓政. 结构方程模式——LISREL 的理论、技术与应用[M]. 台北：双叶书廊有限公司，2005.
② 黄芳铭. 结构方程模式：理论与应用[M]. 北京：中国税务出版社，2005.

5.4.3 参数估计及模型选择

由于结构方程模型属于一种验证性统计方法，在验证过程中，必须引入反映模型与统计数据适配程度的统计量，即适配度指标（Goodness-of-Fit Indices）。当讨论模型的适配度时，则是指假设的理论模型与实际数据的一致性程度。本研究主要选取了以下 5 种适配度指标。

（1）卡方值（χ^2）：模型计算出的卡方值越小，说明实际回收的数据与模型整体因果路径的适配程度越高[1]。

（2）卡方自由度比（CMIN/DF）：假设模型的估计参数愈多，自由度会变得愈小；而样本数增多，卡方值也会随之扩大。若同时考虑卡方值与自由度的大小，则二者的比值也可以作为模型适配度是否契合的指标。在 AMOS 报表中，卡方自由度比值小于 1，表示模型过度适配；若大于 3，则表示模型适配度不佳；但当卡方自由度比值介于 1～3 之间时，表示模型适配良好[2][3][4]。

（3）渐进残差均方和平方根统计量（RMSEA）：通常被认为是最重要的适配指标信息，它是由模型估计的近似差异值估计出来的。RMSEA 值越低，说明模型对数据的拟合程度越高。一般而言，当 RMSEA 大于 0.1 时，则模型的适配度欠佳；当 RMSEA 在 0.08～0.10 之间时，则模型的适配度尚可；当 RMSEA 在 0.05～0.08 之间时，则模型的适配度良好；当 RMSEA 小于 0.05 时，则模型的适配度非常好[5]。

（4）适配度指数（GFI）：具体而言，GFI 值介于 0～1 之间，其数值越接近 1，表示模型的适配度越佳，反之亦然[6]。

（5）调整后适配度指数（AGFI）：当 GFI 值越大时，AGFI 值也会越大。数值标准同 GFI，一般的判别标准为 AGFI 值大于 0.90，表示模型路径图与实际数据

---

[1] RIGDON E E. A necessary and sufficient identification rule for structural models estimated in practice[J]. Multivariate behavioral research, 1995, 30(3): 359-383.
[2] CARMINES E G, MCLVER J P. Analysing models with unobservable variables[M]//BOHRNSTEDT G W, BORGATTA E E. Social measurement current issues. Beverly Hills, CA: Sage, 1981.
[3] HAYDUK L A. Structural equation modeling with LISREL:Essentials and advances[M]. Baltimore, MD:The Johns Hopkins University Press, 1987.
[4] 邱皓政，林碧芳. 结构方程模型的原理与应用[M]. 北京：中国轻工业出版社，2009.
[5] BROWNE M W, CUDECK R. Alternative ways of assessing model fit[M]//BOLLEN K A, LONG J S. Testing structural equation models. Newbury Park, CA: Sage, 1993.
[6] HU L, BENTLER P M. Cutoff criteria for fit indexes in covariance structure analysis: Conventional criteria versus new alternatives[J]. Structural equation modeling, 1999, 6(1): 1-55.

有良好的适配度[①]。

5.4.4 模型计算与修正

5.4.4.1 数据计算

本研究代入了 206 个样本进行计算，从第一次系数估计结果（表 5-11）中可以看出，3 条路径没有通过 0.01 的显著性检验；此外，从表 5-12 中可以看到卡方值为 1.250，说明模型对数据的拟合度良好。但由于 AGFI 的检验标准需大于 0.9，所以该模型需要进行一步修正。

表 5-11　第一次系数估计结果

项目			Estimate	S.E.	C.R.	p	Label	Standardized Estimate
发展支持子系统	<---	智力支持子系统	0.031	0.116	0.263	***	par_1	0.02
生存支持子系统	<---	智力支持子系统	0.059	0.076	0.781	***	par_16	0.049
Q4_R1	<---	智力支持子系统	1					0.959
Q4_R2	<---	智力支持子系统	1.009	0.018	54.718	***	par_2	1
Q4_R3	<---	智力支持子系统	1.014	0.017	60.666	***	par_3	0.992
Q4_R4	<---	智力支持子系统	0.999	0.022	44.445	***	par_4	0.983
Q3_R1	<---	发展支持子系统	1					0.972
Q3_R2	<---	发展支持子系统	1.037	0.016	64.012	***	par_5	0.997
Q3_R3	<---	发展支持子系统	1.022	0.02	51.109	***	par_6	0.99
Q3_R4	<---	发展支持子系统	1.036	0.017	59.477	***	par_7	1
Q1_R5	<---	生存支持子系统	1					0.998
Q1_R3	<---	生存支持子系统	0.978	0.015	64.094	***	par_8	0.978
Q1_R1	<---	生存支持子系统	0.706	0.045	15.723	***	par_9	0.737
Q5_R1	<---	社会支持子系统	1					0.993
Q5_R2	<---	社会支持子系统	1.014	0.016	64.123	***	par_10	0.997
Q2_R1	<---	环境支持子系统	1					0.586
Q2_R3	<---	环境支持子系统	2.124	0.205	10.35	***	par_11	1
Q2_R4	<---	环境支持子系统	2.051	0.2	10.275	***	par_12	0.985
Q2_R5	<---	环境支持子系统	1.987	0.194	10.222	***	par_13	0.971
Q2_R6	<---	环境支持子系统	2.114	0.205	10.329	***	par_14	0.995
Q1_R2	<---	生存支持子系统	0.732	0.044	16.464	***	par_18	0.757
Q1_R4	<---	生存支持子系统	0.642	0.061	10.534	0.435	par_30	0.594

---

① 吴明隆. 结构方程模型——AMOS 的操作与应用[M]. 重庆：重庆大学出版社，2010.

续表

项目		Estimate	S.E.	C.R.	p	Label	Standardized Estimate
Q1_R6	<--- 生存支持子系统	0.973	0.013	73.014	0.796	par_31	0.984
Q2_R2	<--- 环境支持子系统	1.305	0.163	8.011	0.034	par_32	0.662
发展支持子系统	<--- 生存支持子系统	0.218	0.103	2.12	***	par_15	0.174
生存支持子系统	<--- 社会支持子系统	0.415	0.088	4.713	***	par_17	0.448
发展支持子系统	<--- 社会支持子系统	-0.15	0.581	-0.259	***	par_20	-0.13
发展支持子系统	<--- 环境支持子系统	0.552	0.206	2.679	***	par_21	0.229

***$p<0.01$。

表 5-12 常用拟合指数计算结果

拟合指数	卡方值（自由度）	CMIN/DF	p	GFI	AGFI	RMSEA
标准	越小越好	1<NC<3 表示模型有简约适配度，NC>5 表示模型需要修正	$p<0.01$ *** $p<0.05$ ** $p<0.1$ *	>0.9	>0.9	<0.05，越小越好；在 0.05~0.08 之间尚可
结果	193.819（155）	1.250	0.00	0.922	0.895	0.035
评价	尚可	通过	通过	通过	未通过	通过

*$p<0.1$。
**$p<0.05$。
***$p<0.01$。

5.4.4.2 修正

将未通过检验的 3 条路径进行试删除，删除后发现模型的各项指标均通过了检验（表 5-13 和表 5-14）。

表 5-13 第二次系数估计结果

项目		Estimate	S.E.	C.R.	p	Label	Standardized Estimate
发展支持子系统	<--- 智力支持子系统	0.014	0.112	0.125	***	par_15	0.009
生存支持子系统	<--- 智力支持子系统	0.085	0.071	1.191	***	par_17	0.072
Q4_R1	<--- 智力支持子系统	1					0.959

续表

项目			Estimate	S.E.	C.R.	p	Label	Standardized Estimate
Q4_R2	<---	智力支持子系统	1.009	0.018	54.705	***	par_1	1
Q4_R3	<---	智力支持子系统	1.014	0.017	60.668	***	par_2	0.992
Q4_R4	<---	智力支持子系统	0.999	0.022	44.437	***	par_3	0.983
Q1_R5	<---	生存支持子系统	1					0.965
Q1_R3	<---	生存支持子系统	1.046	0.02	52.197	***	par_4	1.012
Q1_R2	<---	生存支持子系统	0.775	0.046	16.84	***	par_5	0.774
Q1_R1	<---	生存支持子系统	0.749	0.046	16.209	***	par_6	0.756
Q2_R1	<---	环境支持子系统	1					0.585
Q2_R3	<---	环境支持子系统	2.128	0.206	10.334	***	par_7	1
Q2_R4	<---	环境支持子系统	2.053	0.2	10.257	***	par_8	0.985
Q2_R5	<---	环境支持子系统	1.99	0.195	10.204	***	par_9	0.971
Q2_R6	<---	环境支持子系统	2.117	0.205	10.31	***	par_10	0.995
Q5_R1	<---	社会支持子系统	1					0.992
Q5_R2	<---	社会支持子系统	1.016	0.016	64.644	***	par_11	0.998
Q3_R1	<---	发展支持子系统	1					0.972
Q3_R2	<---	发展支持子系统	1.037	0.016	64.012	***	par_12	0.997
Q3_R3	<---	发展支持子系统	1.022	0.02	51.107	***	par_13	0.989
Q3_R4	<---	发展支持子系统	1.036	0.017	59.477	***	par_14	1
发展支持子系统	<---	生存支持子系统	0.317	0.102	3.096	***	par_16	0.246
生存支持子系统	<---	社会支持子系统	0.406	0.098	4.155	***	par_18	0.453
社会支持子系统	<---	发展支持子系统	0.064	0.398	0.161	***	par_19	0.074
环境支持子系统	<---	社会支持子系统	0.201	0.053	3.828	***	par_20	0.42
发展支持子系统	<---	社会支持子系统	-0.159	0.509	-0.312	***	par_21	-0.137
发展支持子系统	<---	环境支持子系统	0.507	0.196	2.584	***	par_22	0.21

***$p<0.01$。

表5-14 常用拟合指数计算结果

拟合指数	卡方值（自由度）	CMIN/DF	p	GFI	AGFI	RMSEA
标准	越小越好	1<NC<3 表示模型有简约适配度，NC>5 表示模型需要修正	$p<0.01$ *** $p<0.05$ ** $p<0.1$ *	>0.9	>0.9	<0.05，越小越好；在0.05~0.08之间尚可

续表

拟合指数	卡方值（自由度）	CMIN/DF	p	GFI	AGFI	RMSEA
结果	159.664（137）	1.165	0.00	0.932	0.906	0.028
评价	尚可	通过	通过	通过	通过	通过

*$p<0.1$。
**$p<0.05$。
***$p<0.01$。

5.4.4.3 结果

根据计算结果绘制出了中国优秀女子水球运动员培养影响因素的结构方程模型（图5-3），且对研究假设进行了验证，验证结果如表5-15所示。

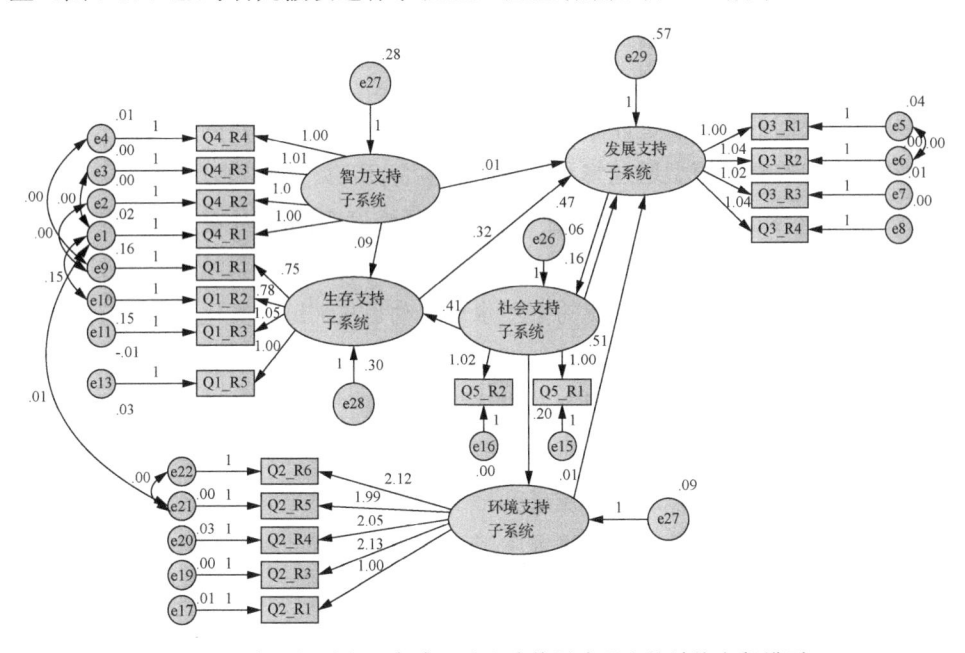

图5-3 中国优秀女子水球运动员培养影响因素的结构方程模型

表 5-15 中国优秀女子水球运动员培养影响因素假设验证结果

假设	验证结果
假设 1（H1）：智力支持子系统对生存支持子系统具有正向显著影响	支持
假设 2（H2）：生存支持子系统对发展支持子系统具有正向显著影响	支持
假设 3（H3）：智力支持子系统对发展支持子系统具有正向显著影响	支持
假设 4（H4）：社会支持子系统对环境支持子系统具有正向显著影响	支持
假设 5（H5）：环境支持子系统对发展支持子系统具有正向显著影响	支持
假设 6（H6）：社会支持子系统对生存支持子系统具有正向显著影响	支持
假设 7（H7）：社会支持子系统对发展支持子系统具有正向显著影响	不支持
假设 8（H8）：发展支持子系统对社会支持子系统具有正向显著影响	支持

5.4.5 结构方程模型解读

结构方程模型分为结构模型与测量模型。结构模型又称因果模型，即说明潜在变量之间因果关系的模型。

从实际收回的数据经过计算得出的结果来看，与最初构建的中国优秀女子水球运动员培养的概念模型通过修正以后，其拟合度良好。结构方程模型展现了中国优秀女子水球运动员培养影响因素内部不同维度之间的因果关系及其路径系数。首先，生存支持子系统、智力支持子系统及环境支持子系统对发展支持子系统具有正向显著影响，即中国优秀女子水球运动员从训练、文化教育及该项目的整体技术环境对中国优秀女子水球运动员的比赛具有正向影响作用；其次，智力支持子系统和社会支持子系统对生存支持子系统具有正向显著影响，也就是说，近年来，中国优秀女子水球运动员的培养从文化教育及社会参与人数方面开始对训练有一定的促进作用；最后，发展支持子系统反过来正向作用于社会支持子系统，即比赛取得优异运动成绩对当前中国女子水球项目的参与人数具有正向促进作用。从具体的可测模型来看，由于社会支持子系统没有对发展支持子系统具有正向显著影响，这说明当前中国优秀女子水球运动员的培养在社会层面只对训练有正向促进作用，而未对竞赛有正向促进作用，但竞赛同样能够使运动员的竞技水平得到提升。因此，在社会化培养模式下培养出具有潜力的运动员，让其参与更多的比赛，能够促进这一群体获取更多优异运动成绩。

5.5 中国优秀女子水球运动员培养效果相关因素的解释

培养全面发展的优秀女子水球运动员是一个长期的、复杂的、系统的工程。运动员的全面发展涉及方方面面，本研究大致将其归纳为 5 个子系统，即生存支持子系统、发展支持子系统、智力支持子系统、社会支持子系统及环境支持子系统。这 5 个子系统分别对应运动员的训练与健康、竞赛、文化教育、社会层面及项目的整体技术环境。这些因素都在不同的方面对培养优秀的女子水球运动员具有不同程度的影响。所构建的中国优秀女子水球运动员培养系统中的每个子系统又都是由相互依存、相互促进及相互制约的多个要素与结构组成的，这些要素与结构综合地决定了中国优秀女子水球运动员培养系统的运行过程和未来的演进方向。在整个系统中，生存支持子系统与发展支持子系统之间存在着密切的相互联系和递进关系；社会支持子系统体现的是和中国优秀女子水球运动员培养与可持续发展息息相关的经济水平、政策、保障措施等方面的社会保障水平；智力支持子系统则是指文化教育方面的问题对促进中国优秀女子水球运动员全面发展所带来的影响；环境支持子系统则从当前女子水球项目在中国发展的整体技术环境这一层面来分析其对中国优秀女子水球运动员全面发展所带来的影响。下面将对各相关因素从利弊两个方面作出详细的解释。

5.5.1 生存支持子系统

生存支持子系统在 5 个子系统中发挥基础性保障作用，为实现中国优秀女子水球运动员的可持续化发展提供保障。该子系统主要是指中国优秀女子水球运动员参与水球训练的最基础的前提条件，它包括运动员的竞技能力、遗传因素、运动损伤程度及运动员的参训动机。因此生存支持子系统是满足后续成为优秀运动员的基础条件。运动训练是一切运动竞赛活动中获取优异运动成绩的基础。在进行运动训练时，需要运动员有健康的身体去支撑自身完成长期艰苦的训练，因此训练和健康均是竞赛的生存条件。无论是从模糊综合评价计算结果来看，运动员的竞技能力、遗传因素、运动员个人的志向、运动损伤程度、运动员的参训动机及人际关系都隶属于"较好"的程度；还是从中国优秀女子水球运动员培养效果的影响因素来看，根据旋转后的因子载荷贡献，生存支持子系统下的各项指标均对中国优秀女子水球运动员的培养效果具有重要的影响。当前，中国优秀女子水球运动员的竞技能力水平与其他世界优秀女子水球选手相比，差距正在逐步缩小，这也得益于中国女子水球教练员执教水平的提高及"举国体制"下的制度优势。遗传因素方面，由于经过对一代又一代女子水球运动员在身体条件等各方面进行严格的筛选与优化，当前中国优秀女子水球运动员的身体条件各方面并不差于世界优秀选手，尤其是在面对欧美选手的"高大壮"带来的"强对抗"的情形下，中国优秀女子水球运动员在这一方面的差距正逐渐缩小。参训动机方面，通过不断地进行教育，加强对女子水球运动员"软实力"的培养，使当前中国优秀女子水球运动员的参训动机出现变化，逐步地脱离"驱利化"的参训动机，在追求获取更优异的运动成绩的同时，注重自身其他方面的发展。这均说明在中国优秀女子水球运动员培养过程中，生存支持子系统下的各个影响因素都呈现出正向性影响。因此从生存支持子系统这一方面来看，它对中国优秀女子水球运动员的培养起到了正向的影响作用。

5.5.2 智力支持子系统

智力支持子系统主要是指中国优秀女子水球运动员培养过程中实际参与文化教育的时间、学历提升情况、水球专业理论知识及对知识的接受能力。本研究认为，运动员的智力支持子系统对生存支持子系统和发展支持子系统均具有促进作用。在研究中发现，当前中国优秀女子水球运动员的智力支持子系统是其培养效果中较好的方面，正向影响着中国优秀女子水球运动员的培养。这主要体现在女子水球项目在我国的发展虽然大部分依赖"举国体制"下的"三级训练网"，但仍有一部分优秀女子水球运动员的培养依托"高校与政府相关主管部门共建"这种培养模式。这部分优秀女子水球运动员在参与水球专业训练的过程中，同样也实际参与了相应的文化教育，而不仅仅是依靠政策上对优秀运动员的扶持去提升学历。这部分由高校与政府相关主管部门共建培养出的优秀女子水球运动员，对依赖传统"举国体制"下"三级训练网"培养的优秀运动员在其文化教育方面也有了一定程度的影响和促动。因此，越来越多的优秀女子水球运动员开始关心自身除获取优异运动成绩以外的其他方面的发展，文化教育及学历提升则是运动员首先关注的方面。由于运动员文化教育的问题得以改善，且学历有所提升，所以女子水球项目近年来开始逐渐受到关注，相较于从前，从事该项运动的运动员数量开始有了提升。此外，运动员接受更多的文化教育还可以改善运动员的思维能力，而思维能力的改善同样也会影响运动员在比赛中的运动表现，从而影响运动员的竞技水平。在实践过程中发现，通常情况下，大部分优秀的运动员除了在自己所从事的运动项目上成绩优异，在生活、学习中也表现出较为活跃的思维能力；同理，运动员在接受不同程度的文化教育时，除了是对自身文化和技能的提升，同样也是在锻炼自身思维，自身思维的提升也同样会影响自身的竞技表现。因此，本研究认为，在中国优秀女子水球运动员培养效果系统中，智力支持子系统与生存支持子系统相辅相成。

5.5.3 环境支持子系统

环境支持子系统在中国优秀女子水球运动员培养效果系统中主要是指该项目的整体技术环境。例如，地区水球的整体竞技水平、政策支持力度、运动员自下而上输送路径的通畅性，以及运动员培养的各方面条件、环境及设施等，均对中国优秀女子水球运动员的培养起着非常重要的影响作用。当前，中国优秀女子水球运动员的培养主要依托"举国体制"。在中国优秀女子水球运动员的培养方面，在该项目市场机制尚不健全的前提下，"举国体制"强大的号召力和整合竞技体育资源的能力仍然是其他培养模式无法匹敌的。中国女子水球相较于其他较为成熟的球类项目而言，其在政策支持力度、运动员自下而上输送路径的通畅性，以及运动员培养的各方面条件、环境及设施等方面虽然较以往已经有了大幅提升，这样的大幅提升在本研究中所呈现的结构方程模型图中也有所体现，即环境支持子系统正向影响着中国优秀女子水球运动员的培养，但是其力度仍然需要进一步加强。从政策支持力度方面来看，由于历史原因，政府直接负责优秀运动员的培养及相关事务只是国家政治与经济在某个历史阶段上的需要。纵观女子水球项目开展较成熟、优秀运动员培养层出不穷、梯队建设层次清晰分明的西方国家，运动员从选拔开始到培养与成才一般不是由政府直接插手。当前，女子水球项目在中国开展尚需依赖"举国体制"的扶持，因此对于中国优秀女子水球运动员的培养也就需要从政策上有一定程度的倾斜，发挥我国社会主义国家体制的整体优势[1]，从而实践出一套既有别于苏联的中央高度集权的"举国体制"，又不同于西方国家的社会自治型的优秀运动员培养系统。当前，我国在培养优秀女子水球运动员时，继续充分调动和发挥政府职能是培养优秀女子水球运动员必不可少的条件。通过

---

[1] 刘青. 四川竞技体育——现状与对策[M]. 成都：电子科技大学出版社，2007.

加强国家对女子水球项目的领导、协调和调控,以及政府对该项目的投入,形成国家领导、政府投入、协会培养、社会参与、市场调节的具有新内涵的"举国体制"及运作机制,以促进中国优秀女子水球运动员的培养。从结构方程模型中可以看出,运动员的频繁流失、运动员自下而上输送路径的通畅性对当前中国优秀女子水球运动员的培养具有重要的影响。

5.5.4 社会支持子系统

社会支持子系统主要是指女子水球项目的群众参与程度及女子水球运动员的社会影响力。从调研中发现,各省份拥有的体工队数量较少。此外,当前中国优秀女子水球运动员的培养受"多重二元结构"的约束[①],主要表现为:训练水平较高的沿海地区和训练水平有待提升的其他地区并存;培养模式多元化的省份与完全依赖"举国体制"的省份并存;后备人才及梯队建设层次清晰的队伍和后备人才匮乏的队伍并存;社会推广及培养较好的省份与完全没有进行水球社会化培养的省份并存。这些导致中国优秀女子水球运动员的培养与发展不均衡,政策支持、物质待遇等相关条件主要倾斜于"举国体制"下的几支体工队,对其他培养模式的支持力度差异较大,这并不利于该项目的发展,以及该项目优秀运动员人才的培养。

优秀运动员的培养从儿童青少年时期到最终成为高水平运动员是一个极其漫长的过程,这个过程的第一步就是要进行科学的选材。由于参与这个项目的人数非常少,所以大部分运动队都存在"选材困难"甚至"选不到材"的情况。当前,我国大部分优秀女子水球运动员存在转项成才的问题,这样的问题虽然从一定程度上避免了人才的浪费,使其他专项的运动员有机会在新的运动项目上成为优秀运动员,但是从优秀女子水球运动员培养的角度来看,这个项目始终没有形成自身的各级梯队。纵观世界女子水球发展较好的国家,从儿童青少年时期就存在各种 U 系列的比赛,并且根据不同年龄阶段的青少年具体情况,对场地器材等相关硬件设施进行调整。无论是以学校为基础培养优秀女子水球运动员的美国,还是以俱乐部为基础培养优秀运动员的欧洲国家,它们的水球项目的社会参与人数均是我国女子水球无法比拟的。此外,这些女子水球项目发展较好的国家,当运动员获得优异运动成绩后,他们同样具备其他球类项目中球星的社会影响力。目前

---

① 刘青. 四川竞技体育——现状与对策[M]. 成都:电子科技大学出版社,2007.

在中国，即使是获得过世界游泳锦标赛水球比赛第二名的优秀女子水球运动员，其社会影响力也一般，并没有促进更多人愿意来了解或参与该项目。笔者在最初提出的研究假设中认为，社会支持子系统对发展支持子系统具有正向显著影响，但是从研究结果中可以看出，社会支持子系统对发展支持子系统并没有正向显著影响。从最终得出的结构方程模型来看，当前中国优秀女子水球运动员培养的社会支持子系统对发展支持子系统呈负向显著影响，这也再次验证了研究中所描述的调查现状，即中国优秀女子水球运动员的社会影响力及项目的群众参与程度对竞赛没有起到促进作用。从逻辑上来讲，一般情况下，项目的群众参与程度决定了该运动项目在选材时的可选范围及选材的质量；而运动员获取优异运动成绩后的社会影响力又会对普及该项运动及对群众认识并参与到这项运动中来有积极的影响；但在中国优秀女子水球运动员培养过程中，由于社会普及程度不高，群众参与量少，从社会层面来看，没有促进中国优秀女子水球运动员获取优异运动成绩，因此没有形成一个良性循环的培养过程。

5.5.5 发展支持子系统

发展支持子系统主要是指中国优秀女子水球运动员涉及的竞赛层面，其中主要包括运动员参赛的价值观、裁判员因素、教练员的执教水平及水球项目的比赛规则变化等相关指标，它们综合影响着运动员能否获得优异运动成绩。运动员在儿童青少年时期需要经过严格的身体条件的筛选及长期艰苦的运动训练，以此作为基础去支撑发展支持子系统，即竞赛。在竞技体育中，运动员参与运动训练的最终目的就是在竞赛中获取优胜。近年来，中国优秀女子水球运动员在参与国际比赛时的运动成绩持续下滑。以整体的视角来看，在中国优秀女子水球整个运动员培养系统中，其他子系统方面都在逐步提升时，发展支持子系统，即运动成绩却一直没有提升。通过结构方程模型的验证发现，中国优秀女子水球运动员运动成绩持续下滑的原因主要在于社会支持子系统中所包含的项目的群众参与程度、运动员的社会影响力等因素。这些因素从根本上导致了在对中国优秀女子水球运动员的培养过程中无法形成一个良性循环且可持续发展的系统。例如，从选材方面来看，女子水球运动在我国的群众基础较为薄弱，虽然近年来部分省份在社会层面进行推广和普及，参与人数较过往有了大幅提升，但相较于其他成熟的球类项目而言，其群众参与程度仍然不容乐观。这就导致了在进行梯队建设及层次选拔人才时，常常会出现选材困难、选不到材的情况，在不得已的情况下，只能从其他运动项目中去挑选别的项目"淘汰"或者"剩下"的运动员。这对我国培养出优秀女子水球运动员极为不利。此外，女子水球项目从建队到如今虽获得过较为理想的运动成绩，但优异运动成绩并没有反过来正向影响其他子系统更进一步发展。例如，当获取优异运动成绩后，并没有吸引更多的人参与到这个项目中来，也没有像其他球类项目一样获得更多的政策支持力度、经费，或者形成有利于中国优秀女子水球运动员培养的良性循环的环境。

小　　结

　　本部分对中国优秀女子水球运动员培养过程中的正面和负面影响因素进行了系统分析。根据可持续发展理论的系统学方向构建的中国优秀女子水球运动员培养影响因素的概念模型分为生存支持子系统、发展支持子系统、智力支持子系统、社会支持子系统及环境支持子系统。根据结构方程模型验证的结果可以得出以下结论：①生存支持子系统、智力支持子系统及环境支持子系统对发展支持子系统具有正向显著影响，即中国优秀女子水球运动员的训练、文化教育及该项目的整体环境对中国优秀女子水球运动员的比赛具有正向显著影响；②智力支持子系统和社会支持子系统对生存支持子系统具有正向显著影响；③发展支持子系统反过来正向作用于社会支持子系统。从具体的可测模型来看，社会支持子系统对发展支持子系统没有正向显著影响，在进一步分析时发现，主要是女子水球项目的群众参与程度不高这一可测变量导致的。

6. 研究结论

本研究基于新时代新发展阶段对优秀运动员全面发展的培养新诉求展开研究。由于女子水球运动在中国开展的时间不长，群众基础较差，所以对优秀女子水球运动员的培养并未形成一个有效、成熟的系统，且相关研究较为薄弱，可供借鉴和参考的文献资料并不多。本研究采用口述史研究法，对中国优秀女子水球运动发展的相关历史阶段的亲身经历者进行访谈，以完善史料的搜集。通过采用文献计量学分析、模糊综合评价、结构方程模型等相关定性与定量相结合的方法，对中国优秀女子水球运动员培养的现状、当前培养效果及培养过程中的正面和负面影响因素进行了调查和系统分析，对提升中国优秀女子水球运动员的培养质量具有实际指导意义。

（1）以史料搜集及以重大历史事件发生为依据，本研究将中国优秀女子水球运动员的培养分为3个阶段：萌芽阶段（1991—2000年），即水球项目的理论建设及女子水球项目传入中国；探索阶段（2001—2017年），即挑选运动员、重建队伍及赛事举办；发展阶段（2018年至今），即不同培养模式下的多元化培养。从历史发展的角度来看，不同阶段中国优秀女子水球运动员在培养模式、培养经费、人力资源情况等方面均存在一系列问题。在培养模式方面，主要依赖"举国体制"，而忽略了其他培养模式共同发展；在培养经费方面，不同培养模式下的培养经费差异性较大，也进一步增加了除"举国体制"以外的其他培养模式的培养难度；在人力资源方面，无论是教练员、运动员还是裁判员，均存在参与人数少、层次结构比例不合理及地域分布不均衡等情况。

（2）针对当前中国优秀女子水球运动员的培养处于"瓶颈期"的现实情况，本研究采用模糊综合评价法构建了中国优秀女子水球运动员培养效果的综合评价指标体系，对中国优秀女子水球运动员的培养效果作出客观定量的评价。评价认为，当前中国优秀女子水球运动员培养的主要问题并不在于训练层面，而主要在于社会层面。因此，若想使中国优秀女子水球运动员的培养跳出"瓶颈期"，培养的重心应该放在解决其社会层面的问题，而不是一味地从训练层面去解决运动员竞技能力的问题。

（3）本研究通过结构方程模型对影响中国优秀女子水球运动员培养效果的主要因素及其潜在变量进行了正面和负面的系统分析。根据可持续发展理论的系统学方向，将中国优秀女子水球运动员的培养看作一个巨大的系统，该系统分为生存支持子系统、发展支持子系统、智力支持子系统、社会支持子系统及环境支持子系统 5 个子系统，它们分别对应运动员的训练与健康、竞赛、文化教育、社会层面及项目的整体技术环境。

（4）本研究构建了中国优秀女子水球运动员培养影响因素的概念模型，并通过结构方程模型验证了概念模型中各潜在变量之间的关系及模型的拟合度。从结构方程模型验证的结果来看，从正面和负面对中国优秀女子水球运动员培养效果的影响因素进行了分析。其中，生存支持子系统、环境支持子系统及智力支持子系统均对中国优秀女子水球运动员培养过程中的发展支持子系统，即竞赛层面具有正向性显著影响。社会支持子系统这一潜在变量则是在中国优秀女子水球运动员培养过程中影响发展支持子系统的最主要因素，即中国优秀女子水球运动员无法获得优异运动成绩的主要原因在于该项目的群众参与程度及运动员的社会影响力不高等。

7. 主要对策

7.1 中国优秀女子水球运动员培养的战略依据、方向与目标

新时代，如何培养人才是竞技体育发展战略的核心问题，而中国优秀女子水球运动员培养的核心是"全面发展""可持续发展"。在这一总体战略思想的指导下，本研究基于研究评价结果及影响因素分析结果得出的研究结论，即当前中国优秀女子水球运动员的培养问题主要集中于社会层面，而非训练层面，基于此尝试提出中国优秀女子水球运动员培养的战略依据、战略方向及战略目标等内容。

7.1.1 战略依据

中国优秀女子水球运动员的培养必须服从并服务于国家关于竞技体育发展的总体战略，必须考虑女子水球项目在我国开展的现实情况且必须顺应新发展阶段的时代要求。

（1）必须服从并服务于国家关于竞技体育发展的总体战略。"体育强国"的内涵饱含着深层的历史文化原因，初期更多地伴随着奥运争金夺银的任务。当前在体育强国建设征程中，"体育强国"已然发展成为一个多维概念。"体育强国"战略规划包含了战略目标、战略布局、战略措施等一系列全局性问题。以习近平同志为核心的党中央对体育发展的战略定位提出了"四个重要"的观点，强调体育应服从并服务于"两个全面发展"的新理念。在这一理念指导下，体育不仅能够促进人的全面发展，丰富人民的精神文化生活，还能够通过体育活动推动经济社会的全面发展及人的全面发展。因此，对于中国优秀女子水球运动员也应该立足于人的全面发展的视角去看待其存在的培养问题。同时，中国优秀女子水球运动员的培养是针对高水平运动员去探讨培养问题的，那么"高、精、尖"是其重要标志。为此，均衡发展、科学训练及改革创新是中国优秀女子水球运动员培养的必经之路。

（2）必须考虑女子水球项目在我国开展的现实情况。女子水球项目在我国开

展的时间并不长，属于较为年轻的球类项目。与其他球类项目不同，女子水球项目的开展成本较高，包括经济成本及技术成本。这导致该项目群众参与程度较低，其商业化、市场化程度无法与其他发展较为成熟的球类项目相比拟。从影响因素分析结果来看，当前中国优秀女子水球运动员的培养问题主要集中于社会层面，因此在这一背景下，首先应解决选材困难、选不到才、群众参与程度低及运动员的社会影响力较差等相关问题。这一系列问题影响了中国优秀女子水球运动员的梯队建设及后备人才储备，进而影响了中国优秀女子水球运动员获取优异运动成绩。就实践而言，球类项目的优秀运动员的培养相较于其他项目而言，其培养周期相对较长。若想在短时间内获取优异运动成绩，则首先要解决基层参与该项目训练的运动员数量及质量问题。这一问题的解决主要依赖多元化的培养模式，而不是单一依赖传统的"举国体制"。因此，首先应解决优秀女子水球运动员的社会化培养问题。

（3）必须顺应新发展阶段的时代要求。新发展阶段就是全面建设社会主义现代化国家、向第二个百年奋斗目标进军的阶段。中国优秀女子水球运动员的培养需要顺应新发展阶段的时代要求，以"全面发展"为评价标准，而不能以"运动成绩"作为唯一标准。培养全面发展的优秀女子水球运动员与促进该项目的基层参与程度具有相辅相成的关系，即培养出全面发展的优秀女子水球运动员能够进一步提高该项目的基层参与程度。当基层群众参与该项目的人数增加后，更有利于该项目获取优异运动成绩，从而解决女子水球项目在我国开展所面临的一系列问题，形成良性循环的局面。

7.1.2　战略方向

未来中国优秀女子水球运动员的培养力求做到"三个接轨"。

（1）与国际接轨，促进中国优秀女子水球运动员培养的国际化。中国优秀女子水球运动员培养的国际化是女子水球项目发展的现实要求，只有融入世界优秀女子水球的队伍中，才能为中国优秀女子水球运动员的培养带来先进的思想观念、管理方式、培养方式及训练方法手段等相关方面的经验。通过借鉴世界优秀女子水球运动员培养的经验，结合中国运动员培养的实际情况，制定中国优秀女子水球运动员培养的中国方案。

（2）与高校接轨，促进中国优秀女子水球运动员培养的院校化。中国优秀女子水球运动员的培养可以借鉴美国女子水球运动员培养的经验，以学校作为基础进行培养，避免运动员的成长过程与最终成才始终处于一个相对封闭的环境中，最后造成与社会脱节。把中国优秀女子水球运动员的培养工作放在高校进行是过往已有的培养模式，并且已经培养出优秀女子水球运动员。这部分运动员在退役后能够很快融入社会，接受运动项目以外的其他技能学习，并且适应当前经济社会的发展，做到了真正的"体教融合"。但由于经费差异、后勤保障及师资问题等，已有的女子水球"高校培养"模式渐渐没落、解散，这对优秀女子水球运动员的培养极为不利。因此尽快恢复"高校培养"模式，促进中国优秀女子水球运动员培养的院校化是当前中国优秀女子水球运动员培养的重中之重。

（3）与社会接轨，促进中国优秀女子水球运动员培养的市场化。随着我国市场经济的不断发展，很多较为成熟的体育项目开始与市场接轨，市场化是未来竞技体育发展的必然趋势，也是竞技体育实现可持续发展的重要条件。因此中国优秀女子水球运动员在政府帮扶培养的同时，同样需借助社会力量，努力开拓和加大社会办体育的渠道与力度，使优秀女子水球运动员成长于社会、成才于社会。避免使中国优秀女子水球运动员的培养处于封闭的训练环境，因为这样即便获取优异运动成绩，也会存在与社会脱节、难以适应社会需求的情况。

7.1.3 战略目标

中国优秀女子水球运动员的培养应当在借鉴其他国家优秀女子水球运动员先进培养经验的同时，结合国情，研究和确立中国优秀女子水球运动员培养的战略目标。

以培养全面发展的优秀女子水球运动员为根本目标，以运动员全面发展促进项目可持续发展。在中国优秀女子水球运动员培养过程中，除运动成绩这一核心关键指标外，更要注重对"软实力"的培养，如运动员的文化层次，运动员实际参与文化教育的时间，运动员接受新事物、新技能的能力培养等相关问题。"软实力"的提升，必然引起连锁反应。例如，运动员退役后的就业问题得以解决，运动员由于实际参与了文化教育，所以具备和普通人一样的竞争力，甚至是强于普通人的竞争力。当优秀女子水球运动员的培养达到这样的程度时，就会吸引更多的人愿意参与到这项运动中来，从而进一步推动优异运动成绩的获取，形成一个良性循环的局面。

7.2 具体对策与措施

7.2.1 坚持以"举国体制"为培养主线，探索多种培养模式并行的多元化培养路径

女子水球项目在我国的开展程度不容乐观，虽较以往来看已经有了大幅提升，但相较于其他发展成熟的球类项目而言，仍然相差甚远。在现实情况下，"举国体制"仍然是中国女子水球项目培养优秀运动员的最优选择。"举国体制"为女子水球项目带来的资源是其他培养模式无法比拟的，因此对于培养优秀女子水球运动员而言，仍然需要坚持以"举国体制"为培养主线。但需要强调的是，在坚持以"举国体制"为主线的同时，并不排斥其他培养模式的并行。中国女子水球项目在发展初期已经通过借鉴模仿国外成功案例，对中国优秀女子水球运动员的培养模式采用了"举国体制""高校培养""高校与体育局共建"等多模式齐头并进的多元化培养路径。从运动员的全面发展这一视角来看，已初显效果。例如，中国优秀女子水球运动员在综合素质、学历提升情况及实际参与文化教育的时间等方面有明显的改善，这符合新时代我国体育强国建设进程中对优秀运动员培养的新诉求，也是优秀运动员培养的新方向、新趋势。但培养进入"瓶颈期"，由于其他培养模式的各方面资源无法与"举国体制"相提并论，其他培养模式开展女子水球项目的效果越来越差。部分采取"高校培养"模式的女子水球队解散，或为了参加某一项比赛临时组建队伍，比赛结束就解散的做法，不利于中国优秀女子水球运动员的培养。因此应该更加强调中国优秀女子水球运动员的高校培养及社会化培养，并加大对高校培养和社会化培养的资源扶持力度，从而避免单一的"举国体制"培养运动员造成的这一特殊群体长期处于"脱离学校、家庭及社会"的状态，同时也可以避免"举国体制"与"高校培养"所享的资源不相匹配，导致中国优秀女子水球运动员的"高校培养"模式逐渐衰落的情况。

7.2.2 转变人才培养的理念，促进中国优秀女子水球运动员培养的可持续发展

转变人才培养理念是促进体育运动发展的关键所在。优秀女子水球运动员培

养理念作为女子水球人才培养的顶层设计,是指导中国优秀女子水球运动员培养问题的重中之重,它决定了中国优秀女子水球运动员培养的方向,也决定了该项目发展的方向。不同的培养理念会导致不同的培养行为,而培养主体的培养理念又受其所处社会结构认知的影响。从可持续发展的视角思考中国优秀女子水球运动员培养与成才问题时,既要考虑当前优秀女子水球运动员全面发展的需要,也要考虑女子水球项目未来发展的需要,避免以获取优异运动成绩作为衡量中国优秀女子水球运动员培养与成才的唯一指标,而牺牲了该项目在以后发展的利益。当前,竞技体育为国争光的内涵发生深刻转变,竞技体育不再只是提升运动技术水平、夺取国际体育赛事金牌的工具,而是逐步成为打造民众健康生活方式的重要途径,成为丰富人民业余生活和进行休闲娱乐的重要方式之一[①]。这是社会对竞技体育的价值与功能赋予的不同内涵。因此,中国优秀女子水球运动员培养的理念亟须转变,而转变的前提在于培养主体对竞技体育价值及功能的重新认识。过去,竞技体育作为国家融入国际社会的一种有效手段,背负着一定的政治任务,这是由其特定的历史背景所决定的。同样,由于女子水球项目在我国开展的时间较短,所以在我国开展该项目初期亟须尽快融入国际水球社会。从对历史经验总结中可以发现,我国从事竞技体育几十年的过程中带有或多或少的目的。这些目的导致了我国在发展竞技体育或培养竞技体育人才时所必然具有的"趋利性"。在这种"趋利性"的价值定位下,中国优秀女子水球运动员的培养效果主要以"运动成绩"来衡量,进而一代又一代的水球人才培养理念也越加功利,这种功利化的人才培养理念与新发展阶段所提出的体育服从和服务于"两个全面发展"的新理念背道而驰。如今,随着我国社会经济的发展及我国国际地位的不断提升,优秀女子水球运动员的培养理念也不应该以"获取优异运动成绩"作为唯一指标。目前,中国优秀女子水球运动员的培养处于多元化培养模式相结合的时期,政府主导型的体育管理体制、"高校培养"、"社会培养"是当前中国优秀女子水球运动员培养的主要模式。应当结合不同的培养模式,在新的培养理念下,更新优秀女子水球运动员的培养目标。

(1)从运动员个人的角度来看,以人为本,注重中国优秀女子水球运动员的全面发展。在"举国体制"下,国家投入发展竞技体育的耗费巨大,但每年仍然有大部分优秀女子水球运动员因从事运动训练而脱离社会、学校,从而导致在退

---

① 彭国强,杨国庆."十四五"时期中国竞技体育的发展战略与创新路径[J]. 首都体育学院学报,2021,33(3):257-267.

役后需要依靠国家进行安置，这也在一定程度上额外增加了国家的负担。这种情况对国家、社会、运动员个人及中国女子水球项目的发展均是不利的。因此，基于全面发展的培养目标，对中国优秀女子水球运动员进行培养，既要培养运动员高超的竞技能力，又要加强运动员的社会能力，使其能够在退役后顺利融入社会、实现自身全面发展。

（2）从管理的角度来看，中国优秀女子水球运动员的培养问题需要从国家培养向国家、学校、企业及社会共同培养转变。根据新时代体育强国建设进程中关于竞技体育人才培养的新要求、新期待，中国优秀女子水球运动员培养的社会化发展路径是必然的趋势。通过社会化路径进行运动员的培养能够有效优化中国优秀女子水球运动员适应的社会环境和条件，从而疏通中国女子水球项目中未成才运动员的发展通道，提升中国优秀女子水球运动员接受文化教育的程度，以及解决其退役后的生存和发展等问题。新时代中国优秀女子水球运动员培养的可持续发展，需要"几条腿走路"：一方面，仍然依靠"举国体制"的制度优势让中国优秀女子水球运动员拥有最好的资源去进行训练和比赛；另一方面，在培养中国优秀女子水球运动员的过程中，社会化培养路径的力量应该逐渐成为培养优秀运动员的主导力量，并以经济合约的形式或通过体育立法等规范运动员和投资者的责、权、利三者之间的关系，真正做到合理、公平地培养优秀女子水球运动员，从而建立新时代具有中国特色的优秀女子水球运动员的培养模式。

（3）从培养主体的角度来看，在对中国优秀女子水球运动员的培养问题上，应该转变培养理念。首先，从逻辑上讲，体育是教育的组成部分，但同时应该将体育作为"教育之首育"。其次，把对运动员的培养问题按"普通人"的教育模式进行，体育作为运动员群体的一种特殊技能、一种职业，如同医生、律师，在某一个领域有自己的独到之处。但除了每个人自身所擅长的独到之处，接受基本的教育是前提条件，而不是始终把运动员当作特殊群体，利用优惠政策，进行特殊对待，这不利于中国优秀女子水球运动员的培养与成才。

7.2.3 从"主观经验培养"转变为"客观依据培养"，调整培养改革的方向

在以往的认知中，对于中国优秀女子水球运动员运动成绩近年持续下滑的状况，普遍认为是训练层面的因素导致的，即训练方法手段不得当等，从而认为是中国女子水球教练员的执教水平存在问题。因此采取的对策主要是聘请国外优秀女子水球教练员等，以此期望中国女子水球运动员的成绩有新的突破。世界优秀

女子水球教练员可能在一定程度上为中国优秀女子水球运动员的培养带来先进的训练理念,从而为运动成绩的提高带来帮助,但是频繁地更换教练员并不利于队伍的发展及本国教练员执教水平的提升。从研究结果中也发现,训练层面的评价结果是隶属于"较好"的程度,这说明本国教练员的执教水平不存在太大问题,不影响中国优秀女子水球运动员竞技能力的提升及获取优异运动成绩,因此通过更换教练员的方式来提高中国优秀女子水球运动员的竞技能力,并不是提升中国优秀女子水球运动员培养质量的有效路径。通过对结构方程模型的分析发现,运动员自下而上输送路径的通畅性及运动员的频繁流失是"环境"这一潜在变量中的最主要因素。因此,根据研究与客观分析,建议今后的培养重点应做适当调整,逐步把培养的重心转变为解决运动员频繁流失及提升输送路径的通畅性等问题。

7.2.4 有针对性地调整中国优秀女子水球运动员培养的相关政策,促进中国优秀女子水球运动员的社会化、院校化培养

开放的政策是培养优秀女子水球运动员的内驱力。中国优秀女子水球运动员的培养应该形成一条选拔—训练—竞赛—文化教育—社会—健康—综合素质等多方位的通畅路径,但这条路径首先需要相关政策予以支持。在坚持以"举国体制"为主线的同时,兼顾中国优秀女子水球运动员的社会化培养是思考的重点。通过借助各种社会力量、资源去进行培养,而不是简单依靠国家来培养运动员。例如,依靠社会、学校、企业等多元化的培养主体共同培养,利用各种资本组成形式、吸收各种社会资金扶持中国女子水球项目,从而改变单一的"举国体制"培养的局面。但多元化的社会培养要避免政策性障碍。例如,运动员通过个人-家庭或社会培养以后,可能会面临注册、参赛受限及社会保障等问题。例如,医疗、福利等方面应该与整个社会的社会保障体系相适应。从政策的角度来看,国家层面允许个人-家庭或社会出资,自发地培养女子水球运动员。在达到一定的竞技水平后,运动员通过代表省(自治区、直辖市)、国家参加国内外各种赛事;建立区域性竞技体育人才合作培养模式与机制。允许运动员跨地区、跨部门合作,培养女子水球高水平后备人才等,从而解决中国女子水球项目长期培养人才渠道单一、训练体制一包到底的弊端,以推动中国优秀女子水球运动员培养的可持续发展。此外,中国优秀女子水球运动员的院校化培养路径是该项目培养运动员的未来发展趋势。把高水平运动员纳入高校建设体系,不仅可以解决运动员接受文化教育的问题,使运动员的成长不脱离学校、社会,还可以促进高校培养高水平运动员

这一培养模式的科学化。

7.2.5 进一步完善中国优秀女子水球运动员培养的评估体系，纵向追踪关注中国优秀女子水球运动员的长期发展，以提升运动员培养的综合质量

中国优秀女子水球运动员培养的相关研究仍然处于从训练学的角度去分析运动员技战术能力的问题，追求通过提升竞技能力获取优异运动成绩，研究视野稍显狭隘。中国优秀女子水球运动员的培养是一个巨大的系统工程，涉及方方面面，且培养的最终效果也是多学科、多方面综合效应的结果。但对于目前中国优秀女子水球运动员培养得怎样、哪些地方需要进一步改善等需要作出客观的评价。中国优秀女子水球运动员培养评估体系的评估视角不应该仅仅停留在运动员竞赛成绩的好坏上，用成绩来衡量中国优秀女子水球运动员的培养效果显然是狭隘的。这种狭隘的视角可能会使项目在短时间内取得较好的运动成绩，但是从长远发展来看，并不利于运动员作为一个完整的人的发展。如果影响运动员自身的发展，就会影响女子水球项目在我国的开展。因此评估体系的构建应该首先立足于运动员全面发展的视角，从多学科交叉的角度去对中国优秀女子水球运动员的培养进行综合评价。关注中国优秀女子水球运动员从竞赛、训练、文化教育、社会、综合素质、健康等方面的培养。根据对当前培养效果的评价结果，调整后续培养方向，最终达到中国优秀女子水球运动员运动成绩回升的同时，运动员自身能够适应新时代社会对竞技体育人才的新要求。与此同时，仍然需要不断对中国优秀女子水球运动员进行不定期的纵向跟踪，再通过评价研究及时调整培养方案，再对调整后的培养方案执行、观察、再评价，这样反复地修改和调整，为保证培养质量提供参考依据，确保培养的方向性和科学性。

8 研究不足与展望

8.1 研究不足

（1）女子水球项目本身的特殊性导致采集样本数量较少，容易影响研究结果的科学性、真实性。在研究过程中，由于中国女子水球运动项目运动员数量较少、参赛队伍不多等，调查样本勉强达到规范要求。

（2）口述史研究方法在研究中的运用还欠规范。本研究运用口述史研究方法弥补了女子水球项目文献史料不足的现实情况，同时跳出了以往仅从体育学单一学科视角对中国优秀女子水球运动员培养的研究不足。但由于水球项目在中国属于小众项目，可收集的人物、事件等史料受限，加上运用口述史研究方法的规范性有待进一步提高，得出的结果可信度可能受到影响。

8.2 研究展望

本研究在中国优秀女子水球运动员培养方面进行了一系列的探索，后续将继续纵向追踪中国优秀女子水球运动员的培养效果并作出相关评价，对培养效果的相关研究进行不断更新。这有利于在整个培养过程中及时调整培养方向。

参 考 文 献

[1] 李丽，汪涌，李铮，等. 中华体育精神光耀里约[J]. 中国工人，2016（9）：10-11.
[2] 姚颂平，吴瑛，马海峰. "运动员培养一般理论"学科的发展与奥运备战[J]. 上海体育学院学报，2020，44（1）：1-11.
[3] 赵道静，陈小满. 我国体育人才需求预测及发展战略研究[J]. 武汉体育学院学报，2006，40（12）：31-35.
[4] 费军，余丽华. 泛系理论与一般系统论比较研究[J]. 系统辩证学学报，1997，5（4）：71-74.
[5] 马卫平. 复杂性思维视野中的体育研究——对我国体育研究中的思维方式之反思[J]. 体育科学，2007，27（1）：76-84.
[6] 罗加福，陈晔. 马克思恩格斯体育观的逻辑进路、主要论域及意义[J]. 成都体育学院学报，2022（4）：96-103.
[7] 王伟光. 唯物史观和科学发展观[J]. 中共中央党校学报，2004（3）：6-12.
[8] 任海. 对七十年代初我国优秀少年田径运动员的调查及对其"早衰"原因的探讨[J]. 体育科学，1982，2（1）：21-39.
[9] 柳鸣毅，但艳芳，张毅恒. 中国体育运动学校嬗变历程、现实问题与治理策略研究[J]. 体育学研究，2020，34（3）：64-77.
[10] 陈洪. 边缘革命视角下竞技体育后备人才培养的基层实践研究[J]. 武汉体育学院学报，2018，52（1）：36-41.
[11] 刘占捷. 中国青少年网球运动员培养模式研究[J]. 广州体育学院学报，2019，39（2）：88-90.
[12] 杨桦. 体育改革：成就、问题与突破[J]. 体育科学，2019，39（1）：5-11.
[13] 陈作松，吴瑛，缪律. 深化体教融合背景下我国运动员选材和培养的发展机遇与创新策略[J]. 武汉体育学院学报，2021，55（9）：74-78，87.
[14] 卢文云，陈宁，龚文平. 英国高水平竞技体育人才培养的LTAD模式研究[J]. 体育与科学，2013，34（5）：62-68.
[15] 田慧，王敏，亓顺红，等. 欧洲优秀足球后备人才培养模式与启示[J]. 体育科学，2020，40（6）：16-23，48.
[16] 赵西英，程传银. 基于战略管理视角的高水平运动员培养机制研究[J]. 西安体育学院学报，2012，29（2）：153-158.
[17] 刘青，郑宇，何芝，等. 我国优秀运动员培养方式社会化研究[J]. 中国体育科技，2008，44（3）：3-9.
[18] 韩永红，秦纪强. 我国优秀运动员"逆淘汰"影响因素与评价模型——基于WSR方法论[J]. 南京体育学院学报（社会科学版），2013，27（6）：123-128.
[19] 孙凤龙，姜立嘉，张守伟. 特征与启示：美国学生篮球运动员培养体系[J]. 沈阳体育学院学报，2018，37（6）：120-124，131.

[20] 张建会. 美国冬季运动项目发展实践及其模式借鉴[J]. 北京体育大学学报, 2020, 43 (2): 83-95.

[21] 袁田. 新校园足球发展的新困境及新思路——德国青少年足球运动员培养对我国校园足球的启示[J]. 武汉体育学院学报, 2018, 52 (2): 76-81.

[22] 王英峰. 英国竞技体育管理体系研究[J]. 沈阳体育学院学报, 2013, 32 (5): 21-25.

[23] 白银龙, 舒盛芳, 聂锐新. 日本备战东京奥运会主要举措及启示[J]. 体育文化导刊, 2019 (12): 89-96.

[24] 胡启林. 日本竞技体育发展策略研究[J]. 武汉体育学院学报, 2017, 51 (6): 95-100.

[25] 景俊杰, 肖焕禹. 21 世纪日本体育政策的发展及启示[J]. 上海体育学院学报, 2014, 38 (1): 31-35, 40.

[26] 阳艺武, 吕万刚, 郑伟涛. 我国竞技体育后备人才培养现状与发展评价[J]. 上海体育学院学报, 2015, 39 (3): 44-49, 74.

[27] 商勇, 宋述光, 娄德玉. 高校高水平运动员综合素质社会评价与培养体系[J]. 中国石油大学学报（社会科学版）, 2013, 29 (5): 177-181.

[28] 张在宁, 谭长青. 影响少年体操运动员成材的非训练因素[J]. 南京体育学院学报, 1999 (3): 13-15.

[29] 蒋叶飞, 吴黎. 我国高水平击剑运动员成才规律分析[J]. 体育科技文献通报, 2009, 17 (6): 26-28.

[30] 张传义、毕务萍. 现代篮球运动员的竞技能力特征[J]. 山东体育学院学报, 2000 (4): 68-70.

[31] 周志雄, 王保成. 影响我国青少年田径运动员成长因素的研究[J]. 首都体育学院学报, 2005 (3): 25-27.

[32] 朱海明. 水球运动的里程碑[J]. 游泳, 2001 (1): 34-35.

[33] 张外安, 刘焕新. 九十年代我国水球史话（续二）[J]. 游泳, 2000 (2): 19-21.

[34] 许云前, 刘钦龙. 中国女子水球队与世界一流强队的比较分析[J]. 四川体育科学, 2009 (1): 76-78.

[35] 徐士韦. 建设体育强国进程中运动项目协会去行政化研究[J]. 成都体育学院学报, 2021, 47 (2): 71-77.

[36] 刘红波. 我国竞技体操人才培养的社会化发展[J]. 北京体育大学学报, 2012, 35 (1): 43-46, 124.

[37] 王大卫. 对运动员转项成才现象的初步研究[J]. 体育科学, 1993, 13 (4): 44-48, 94.

[38] 张忠秋. 跨界、跨项选拔高水平运动员要重"体"更要重"心"[J]. 中国体育教练员, 2017, 25 (3): 12-13, 15.

[39] 杨群茹. 跨项选材理论溯源与关键问题解析[J]. 成都体育学院学报, 2019, 45 (6): 95-102.

[40] 于文谦, 张廷晓. 类意识视角下我国优秀运动员综合素质培养研究[J]. 南京体育学院学报（社会科学版）, 2017, 31 (6): 1-5, 10.

[41] 刘玉, 黄亚玲. 新时代运动员"生命教育与技能自觉"培养理念研究[J]. 体育文化导刊, 2019 (5): 64-68.

[42] 森丘保典，赵倩颖．日本田径联合会备战奥运制定培养运动员指南——以中长期角度培养运动员的重要性[J]．中国体育科技，2019，55（9）：84-88，107．

[43] 宋艳．冰之"动"与音之"律"：极致与美的艺术审视——花样滑冰运动员艺术表现力培养研究[J]．沈阳体育学院学报，2019，38（2）：124-129．

[44] 库兹缅科，卡巴诺娃，鲁果甫斯基赫，等．培养青少年柔道运动员竞赛活动制胜因素的心理运动能力和快速思维能力的研究[J]．首都体育学院学报，2018，30（5）：385-387．

[45] 骆方，孟庆茂．检验测验度向性的3种统计方法的比较[J]．中国考试，2006（1）：31-33．

[46] 种莉莉．我国体育系统人才资源现状调查及对策研究[J]．中国体育科技，2013，49（3）：11-19．

[47] 舒刚民，霍军．现阶段中国篮球高级教练员的培养与发展策略研究[J]．西安体育学院学报，2011，28（5）：612-619．

[48] 关朝阳，张建．我国体育教练员培养体系及岗位培训的研究[J]．山东体育学院学报，2008（3）：36-38．

[49] 陆强毅．试论高水平游泳运动员阶段训练计划的制定与执行——以1500米自由泳项目为例[J]．南京体育学院学报（自然科学版），2010，9（3）：52-54，42．

[50] 毕红星，丁月兰．当前运动训练科学性特征及其发展新观点[J]．辽宁体育科技，2008（6）：1-4．

[51] 钟日升．我国教练员与运动员关系现状的分析及教练员角色定位与对策[J]．武汉体育学院学报，2004（6）：170-172．

[52] 骆雷，刘炜，张孟艳，等．体育管理实证研究中的量表应用：常见问题与改进建议[J]．上海体育学院学报，2021，45（11）：61-70．

[53] 史静琤，莫显昆，孙振球．量表编制中内容效度指数的应用[J]．中南大学学报（医学版），2012，37（2）：152-155．

[54] 马庆国．中国管理科学研究面临的几个关键问题[J]．管理世界，2002（8）：105-115，140．

[55] 彭国强，杨国庆．"十四五"时期中国竞技体育的发展战略与创新路径[J]．首都体育学院学报，2021，33（3）：257-267．

[56] 杜栋，庞庆华，吴炎．现代综合评价方法与案例精选[M]．2版．北京：清华大学出版社，2008．

[57] 中国社会科学院语言研究所词典编辑室．现代汉语词典[M]．7版．北京：商务印书馆，2016．

[58] 黄维德．现代人力资源开发与管理概论[M]．上海：华东理工大学出版社，1998．

[59] 叶忠海，陈子良，缪克成，等．人才学概论[M]．长沙：湖南人民出版社，1983．

[60] 叶忠海．人才学基本原理[M]．北京：蓝天出版社，2005．

[61] 姜金贵，宋艳，杜荟．管理建模与仿真[M]．北京：机械工业出版社，2018．

[62] 苏为华．综合评价学[M]．北京：中国市场出版社，2005．

[63] 胡永宏，贺思辉．综合评价方法[M]．北京：科学出版社，2000．

[64] 瓦·尼·萨多夫斯基．一般系统论原理[M]．贾泽林，刘伸，王兴成，等译．北京：人民出版社，1984．

[65] 苗东升．系统科学精要[M]．3版．北京：中国人民大学出版社，2010．

[66] 叶正波．可持续发展评估理论及实践[M]．北京：中国环境科学出版社，2002．
[67] 中共中央马克思恩格斯列宁斯大林著作编译局．马克思恩格斯文集（第二卷）[M]．北京：人民出版社，2009．
[68] 中共中央马克思恩格斯列宁斯大林著作编译局．马克思恩格斯文集（第一卷）[M]．北京：人民出版社，2009．
[69] 叶忠海．新编人才学通论[M]．北京：党建读物出版社，2013．
[70] 池建．美国大学竞技体育管理[M]．北京：人民体育出版社，2005．
[71] 郭新艳．体育公共服务均等化指标体系研究[M]．北京：人民体育出版社，2019．
[72] 田麦久．运动训练学[M]．北京：人民体育出版社，2000．
[73] 吴明隆．结构方程模型——AMOS 的操作与应用[M]．重庆：重庆大学出版社，2009．
[74] 邱皓政．结构方程模式——LISREL 的理论、技术与应用[M]．台北：双叶书廊有限公司，2005．
[75] 黄芳铭．结构方程模式：理论与应用[M]．北京：中国税务出版社，2005．
[76] 邱皓政，林碧芳．结构方程模型的原理与应用[M]．北京：中国轻工业出版社，2009．
[77] 刘青．四川竞技体育——现状与对策[M]．成都：电子科技大学出版社，2007．
[78] 王智慧．体育强国的评价体系与实现路径研究[D]．北京：北京体育大学，2014．
[79] 邹月辉．美国德（得）克萨斯州大学生运动员人才培养研究[D]．北京：北京体育大学，2011．
[80] 周战伟．基于发展方式转变的上海市竞技体育后备人才培养研究[D]．上海：上海体育学院，2016．
[81] 谢松林．上海市足球后备人才培养体系协同发展研究[D]．上海：上海体育学院，2020．
[82] 刘青．提高我国网球女子双打竞技水平的系统分析与策略研究[D]．成都：西南交通大学，2006．
[83] 陈祥岩．优秀运动员的生命历程研究——基于个案的叙事探究[D]．上海：上海体育学院，2013．
[84] 陈兰波．我国优秀篮球运动员的成长与培养[D]．苏州：苏州大学，2006．
[85] 胡亚斌．利益相关者理论视角下中国网球运动员培养机制的研究[D]．北京：北京体育大学，2012．
[86] 于芬．对高水平学生运动员培养体系的探讨——清华大学跳水队实证研究[D]．北京：北京体育大学．2007．
[87] 银玲．成都市体育公共服务均等化问题研究[D]．成都：成都体育学院，2015．
[88] 吴阳．中国网球教练员执教能力及影响因素研究[D]．上海：上海体育学院，2017．
[89] 李继辉．我国田径教练员素质结构与岗位培训体系研究[D]．北京：北京体育大学，2008．
[90] 董海军．2000—2005 年期间科技进步对我国竞技体育发展的作用与贡献的研究[D]．上海：上海体育学院，2009．
[91] 柳建庆．中国篮球教练员职业地位获得研究[D]．北京：北京体育大学，2008．
[92] 靳强．跳远运动员技术训练的运动学监控研究[D]．北京：北京体育大学，2015．
[93] 郭新艳．城镇居民体育锻炼行为干预的理论与实践研究[M]．成都：西南交通大学出版社，2017．

[94] 梁伟. 校园足球可持续发展的系统分析与评价研究[D]. 上海：上海体育学院，2015.

[95] CHEN C, LEYDESDORFF L. Patterns of connections and movements in dual-map overlays: A new method of publication portfolio analysis[J]. Journal of the association for information science and technology, 2013, 65(2): 334-351.

[96] CHEN C. CiteSpace II :Detecting and visualizing emerging trends and transient patterns in scientific literature[J]. Journal of the American society for information science and technology, 2006, 57(3): 359-377.

[97] CHEN C. Predictive effects of structural variation on citation counts[J]. Journal of the association for information science and technology, 2012, 63(3): 431-449.

[98] MATVEEV L P. General theory of sport[M]. Moscow: Military Publishing House, 1997.

[99] MATVEEV L P. General theory of sport and its applied aspects[M]. Moscow: M.F.I.P. Publishing House, 2001.

[100] PLATONOV V N. System of preparation of athletes in Olympic Sports[M]. Kiev: Olympic Literature, 2004.

[101] BALYI I, HAMILTON A. Long-term athlete development: Trainability in childhood and adolescence windows of opportunity. Optimal trainability[J]. Olympic coach, 2004,16 (1): 4-9.

[102] BALYI I, WAY R, HIGGS C. Long-term athlete development[M]. Champagne: Human Kinetics, 2013.

[103] FORD P, DE S C M, LLOYD R, et al. The long-term athlete development model: physiological evidence and application[J]. Journal of sports sciences, 2011, 29(4): 389-402.

[104] LIGHT R L, LANG M. Interpreting and implementing the long term athlete development model: English swimming coaches' views on the (Swimming) LTAD in practice[J]. International journal of sports science and coaching, 2010, 5(3): 413-419.

[105] LLOYD R S, OLIVER J L. The youth physical development model: A new approach to long-term athlete development[J]. Strength and conditioning journal, 2012, 34(3): 61-72.

[106] USOC. American Development Model [EB/OL]. [2023-03-10]. http: //www.Teamusa.org/About-the-USOC/Athlete-Development/Coaching Education/American-Development-Model.

[107] SMITH R A. Pay for play:A history of big-time college athletic reform[M].Champaign: University of Illinois Press, 2011.

[108] DUDERSTADT J J. Intercollegiate athletics and the American university: A university president's perspective[M]. Ann Arbor: University of Michigan Press, 2003.

[109] XIAO J, DOUGLAS D, LEE A H, et al. A Delphi evaluation of the factors influencing length of stay in Australian hospitals[J]. The international journal of health planning and management, 1997, 12(3): 207-218.

[110] LEE J H, CHOI Y J, VOLK R J, et al. Defining the concept of primary care in South Korea using a Delphi method[J]. Family medicine, 2007,39(6):425-431.

[111] NUNNALLY J C. Psychometric theory[M].New York:Mc Graw-Hill, 1978.

[112] BENTER P M. EFS:Structural EFuations program manual[M]. LosAngles,CA: BMDP Statistical Sofware, 1989.

[113] MOUSTAKI I, JÖRESKOG K G, MAVRIDIS D. Factor models for ordinal variables with covariate effects on the manifest and latent variables: A comparison of LISREL and IRT approaches[J]. Structural equation modeling a multidisciplinary journal, 2004, 11(4): 487-513.

[114] RIGDON E E. A necessary and sufficient identification rule for structural models estimated in practice[J]. Multivariate behavioral research, 1995, 30(3): 359-383.

[115] CARMINES E G, MCLVER J P. Analysing models with unobservable variables[M]// BOHRNSTEDT G W, BORGATTA E E. Social measurement current issues. Beverly Hills, CA: Sage, 1981.

[116] HAYDUK L A. Structural equation modeling with LISREL: Essentials and advances[M]. Baltimore, MD: The Johns Hopkins University Press, 1988.

[117] BROWNE M W, CUDECK R. Alternative ways of assessing model fit[M]//BOLLEN K A, LONG J S. Testing structural equation models. Newbury Park, CA: Sage, 1993.

[118] HU L, BENTLER P M. Cutoff criteria for fit indexes in covariance structure analysis: Conventional criteria versus new alternatives[J]. Structural equation modeling, 1999, 6(1): 1-55.

附　　录

附录1 "中国优秀女子水球运动员培养效果评价及影响因素研究"专家访谈提纲

尊敬的专家老师：

您好！非常感谢您在百忙之中接受访谈邀请。

学生是成都体育学院2019级博士研究生，现在正在进行"中国优秀女子水球运动员培养效果评价及影响因素研究"的研究工作。根据研究的需要及研究内容设计的科学性与合理性，有以下问题向您请教，恳请您不吝赐教。

再次衷心感谢您的帮助！

成都体育学院2019级博士研究生：曾静
导师：刘青教授

专家基本信息：

姓名：　　　　　　职称：　　　　　　职务：

工作单位：　　　　联系电话：　　　　E-mail：

1. 您认为研究内容设计是否合理？还需补充哪些相关内容？

2. 从历史发展的角度来看，您在参与中国优秀女子水球运动员的培养过程中，认为其培养的历史阶段划分的依据是什么？

3. 从培养的角度，请对中国优秀女子水球运动员的培养提出您宝贵的建议与意见。

4. 您对本研究有什么其他建议与意见？

附录 2 中国优秀女子水球运动员培养效果的综合评价指标体系专家访谈提纲

尊敬的专家老师：

您好！非常感谢您在百忙之中接受访谈邀请。

学生是成都体育学院 2019 级博士研究生，现在正在进行《中国优秀女子水球运动员培养效果评价及影响因素研究》的研究工作。根据研究的需要，将设计中国优秀女子水球运动员培养效果的综合评价指标体系，为了确保该评价指标体系的科学性与合理性，有以下问题向您请教，恳请您不吝赐教。

再次衷心感谢您的帮助！

成都体育学院 2019 级博士研究生：曾静
导师：刘青教授

专家基本信息：

姓名：　　　　　　　职称：　　　　　　　职务：

工作单位：　　　　　联系电话：　　　　　E-mail：

1. 从评价的角度来看，您认为当前中国优秀女子水球运动员的培养涉及哪些方面的问题？

2. 您认为现阶段对中国优秀女子水球运动员的培养效果进行评价是否合适？为什么？

3. 您认为在设计中国优秀女子水球运动员培养效果的综合评价指标体系时，对于评价指标的选取应该考虑哪些方面？

4. 在关于中国优秀女子水球运动员的培养研究中，您认为它与其他项目有哪些方面的区别？

附录3 中国优秀女子水球运动员培养效果的综合评价指标体系专家问卷第一轮

尊敬的专家老师：

您好！非常感谢您在百忙之中阅读并填写此份调查问卷！

学生是成都体育学院2019级博士研究生，现在正在进行中国优秀女子水球运动员培养效果的综合评价指标体系的研究工作。此为构建评价指标的专家咨询问卷，请您拨冗填写，给予指导。您的建议和意见将作为重要的参考依据。

问卷说明：

此问卷的目的是通过借鉴专家的经验和知识，采用德尔菲法搜集专家意见，进而选取适当指标，调查结果仅为本研究所用。此问卷为第一轮，共计6个一级指标、19个二级指标。

填表说明：

（1）针对每个指标，请您首先考虑用推荐的初选指标进行描述是否适宜，如果决定选用某个指标，请依据您的判断对其重要程度进行赋值（非常重要为5分；比较重要为4分；一般重要为3分；不重要为2分；很不重要为1分）。另外，本问卷涉及二级指标，因此请您对每级指标都进行赋值。

（2）如果您认为指标不宜采用，请直接在"赋值"栏中打"×"。

（3）如果您认为初选指标不理想或需要添加，则可以根据您的经验提出新的指标，填在"新增指标"一栏中。

专家基本信息：

姓名：　　　　　　　职称：　　　　　　　职务：

工作单位：　　　　　联系电话：　　　　　E-mail：

专家赋值表

一级指标	赋值	二级指标	赋值
竞赛 （A1）		运动员的运动成绩（B1）	
		运动员的执行能力（B2）	
		运动员的临场发挥能力（B3）	
		运动员的心理稳定性（B4）	

续表

一级指标	赋值	二级指标	赋值
训练（A2）		运动员的竞技能力（B5）	
		运动员的自控能力（B6）	
		运动员正确的参训动机（B7）	
文化教育（A3）		运动员的学历提升（B8）	
		运动员非业务技能学习（B9）	
		运动员的专业理论知识（B10）	
社会（A4）		再就业率（B11）	
		运动员适应社会的能力（B12）	
		运动员的社会影响力（B13）	
综合素质（A5）		运动员正确的价值观（B14）	
		运动员的集体荣誉感（B15）	
		运动员的道德品质（B16）	
		运动员顽强的意志品质（B17）	
健康（A6）		运动员运动寿命的长短（B18）	
		运动损伤程度（B19）	
新增指标			

附录4 中国优秀女子水球运动员培养效果的综合评价指标体系专家问卷第二轮

尊敬的专家老师：

您好！非常感谢您在百忙之中阅读并填写此份调查问卷！

学生是成都体育学院2019级博士研究生，现在正在进行中国优秀女子水球运动员培养效果的综合评价指标体系的研究工作。此为构建评价指标的专家咨询问卷，请您拨冗填写，给予指导。您的建议和意见将作为重要的参考依据。

问卷说明：

此问卷的目的是通过借鉴专家的经验和知识，采用德尔菲法搜集专家意见，进而选取适当指标，调查结果仅为本研究所用。此问卷为第二轮，共计6个一级指标、19个二级指标。

填表说明：

（1）针对每个指标，请您首先考虑用推荐的初选指标进行描述是否适宜，如果决定选用某个指标，请依据您的判断对其重要程度进行赋值（非常重要为5分；比较重要为4分；一般重要为3分；不重要为2分；很不重要为1分）。另外，本问卷涉及二级指标，因此请您对每级指标都进行赋值。

（2）如果您认为指标不宜采用，请直接在"赋值"栏中打"×"。

（3）如果您认为初选指标不理想或需要添加，则可以根据您的经验提出新的指标，填在"新增指标"一栏中。

专家基本信息：

姓名：　　　　　　职称：　　　　　　职务：

工作单位：　　　　联系电话：　　　　E-mail：

专家赋值表

一级指标	赋值	二级指标	赋值
竞赛（A1）		运动员的运动成绩（B1）	
		运动员的执行能力（B2）	
		运动员处理关键球的能力（B3）	
		运动员的心理稳定性（B4）	

续表

一级指标	赋值	二级指标	赋值
训练（A2）		运动员的竞技能力（B5）	
		运动员参与训练的主观能动性（B6）	
		运动员正确的参训动机（B7）	
文化教育（A3）		运动员的学历提升（B8）	
		运动员的专业理论知识（B9）	
		运动员实际参与文化教育的时间（B10）	
社会（A4）		再就业率（B11）	
		运动员适应社会的能力（B12）	
		运动员的社会影响力（B13）	
综合素质（A5）		运动员正确的价值观（B14）	
		运动员的集体荣誉感（B15）	
		运动员的道德品质（B16）	
		运动员顽强的意志品质（B17）	
健康（A6）新增指标		运动损伤程度（B18）	
		运动员的抗压能力（B19）	

附录5 中国优秀女子水球运动员培养效果的综合评价指标体系调查问卷

尊敬的专家老师：

您好！非常感谢您在百忙之中阅读并填写此份调查问卷！

学生是成都体育学院2019级博士研究生，此为中国优秀女子水球运动员培养效果的综合评价指标体系的调查问卷，请您拨冗填写。您的建议和意见将作为重要的参考依据。

填表说明：

针对每个指标，请依据您的判断对其重要程度进行赋值（非常重要为5分；比较重要为4分；一般重要为3分；不重要为2分；很不重要为1分）。

专家基本信息：

姓名：　　　　　　　　职称：　　　　　　　　职务：

工作单位：　　　　　　联系电话：　　　　　　E-mail：

专家赋值表

一级指标	非常重要	比较重要	一般重要	不重要	很不重要
竞赛（A1）					
训练（A2）					
文化教育（A3）					
社会（A4）					
综合素质（A5）					
健康（A6）					

续表

二级指标	非常重要	比较重要	一般重要	不重要	很不重要
运动员的运动成绩（B1）					
运动员的执行能力（B2）					
运动员处理关键球的能力（B3）					
运动员的心理稳定性（B4）					
运动员的竞技能力（B5）					
运动员参与训练的主观能动性（B6）					
运动员正确的参训动机（B7）					
运动员的学历提升（B8）					
运动员的专业理论知识（B9）					
运动员实际参与文化教育的时间（B10）					
再就业率（B11）					
运动员适应社会的能力（B12）					
运动员的社会影响力（B13）					
运动员正确的价值观（B14）					
运动员的集体荣誉感（B15）					
运动员的道德品质（B16）					
运动员顽强的意志品质（B17）					
运动损伤程度（B18）					
运动员的抗压能力（B19）					

附录6 中国优秀女子水球运动员培养效果的综合评价指标体系层次分析法指标相对重要性尺度比较表

尊敬的专家老师:

您好!非常感谢您在百忙之中阅读并填写此份比较表!

学生是成都体育学院2019级博士研究生,现在正在进行中国优秀女子水球运动员培养效果的综合评价指标体系的权重赋值,请您拨冗填写此份比较表。您的建议和意见将作为重要的参考依据。

填表说明:

针对每个指标,请依据您的判断对其重要程度进行赋值。

专家基本信息:

姓名:　　　　　　　职称:　　　　　　　职务:
工作单位:　　　　　 联系电话:　　　　　 E-mail:

专家赋值表

比较尺度	$B_i : B_j$
1	同等重要
2	
3	稍微重要
4	
5	较强重要
6	
7	强烈重要
8	
9	极为重要

附录7 中国优秀女子水球运动员培养影响因素指标体系专家访谈提纲

尊敬的专家老师：

您好！非常感谢您在百忙之中接受访谈邀请。

学生是成都体育学院2019级博士研究生，现在正在进行《中国优秀女子水球运动员培养效果评价及影响因素研究》的研究工作。根据研究的需要，将设计中国优秀女子水球运动员培养影响因素指标体系。为了确保该评价指标体系的科学性与合理性，向您请教以下问题，恳请专家老师不吝赐教。

再次衷心感谢您的帮助！

成都体育学院2019级博士研究生：曾静
导师：刘青教授

专家基本信息：

姓名：　　　　　　　职称：　　　　　　　职务：

工作单位：　　　　　联系电话：　　　　　E-mail：

1. 从培养影响因素的角度来看，您认为当前中国优秀女子水球运动员的培养受哪些方面的影响？

2. 您认为基于可持续发展理论的系统学方向将中国优秀女子水球运动员的培养这一系统分为生存支持子系统、发展支持子系统、智力支持子系统、社会支持子系统、环境支持子系统是否合理？

3. 您认为在设计中国优秀女子水球运动员培养影响因素指标体系时，对于其指标的选取应该注意什么？

4. 在关于中国优秀女子水球运动员培养影响因素研究中，您认为它与其他项目有哪些方面的区别？

附录 8　中国优秀女子水球运动员培养影响因素初始题项测量量表

尊敬的专家老师：

您好！非常感谢您在百忙之中阅读并填写此份测量量表！

学生是成都体育学院 2019 级博士研究生，现在正在进行中国优秀女子水球运动员培养影响因素初始题项测量，请您拨冗填写此份测量量表。您的建议和意见将作为重要的参考依据。

填表说明：

针对每个指标，请依据您的判断对其重要程度进行赋值（非常符合为 5 分；比较符合为 4 分；一般为 3 分；比较不符合为 2 分；非常不符合为 1 分）。

专家基本信息：

姓名：　　　　　　　　职称：　　　　　　　　职务：

工作单位：　　　　　　联系电话：　　　　　　E-mail：

专家赋值表

序号	题项描述	非常不符合	比较不符合	一般	比较符合	非常符合
1	运动员的竞技能力	□ 1	□ 2	□ 3	□ 4	□ 5
2	遗传因素	□ 1	□ 2	□ 3	□ 4	□ 5
3	运动员个人的志向	□ 1	□ 2	□ 3	□ 4	□ 5
4	人际关系	□ 1	□ 2	□ 3	□ 4	□ 5
5	运动员的参训动机	□ 1	□ 2	□ 3	□ 4	□ 5
6	运动损伤程度	□ 1	□ 2	□ 3	□ 4	□ 5
7	政策支持力度	□ 1	□ 2	□ 3	□ 4	□ 5
8	科技介入训练的程度	□ 1	□ 2	□ 3	□ 4	□ 5
9	运动员的频繁流失	□ 1	□ 2	□ 3	□ 4	□ 5
10	地区水球的整体竞技水平	□ 1	□ 2	□ 3	□ 4	□ 5
11	经费	□ 1	□ 2	□ 3	□ 4	□ 5
12	运动员自下而上输送路径的通畅性	□ 1	□ 2	□ 3	□ 4	□ 5
13	运动员参赛的价值观	□ 1	□ 2	□ 3	□ 4	□ 5
14	裁判员因素	□ 1	□ 2	□ 3	□ 4	□ 5

续表

序号	题项描述	非常不符合	比较不符合	一般	比较符合	非常符合
15	教练员的执教水平	□ 1	□ 2	□ 3	□ 4	□ 5
16	水球项目的比赛规则变化	□ 1	□ 2	□ 3	□ 4	□ 5
17	运动员实际参与文化教育的时间	□ 1	□ 2	□ 3	□ 4	□ 5
18	运动员的学历提升情况	□ 1	□ 2	□ 3	□ 4	□ 5
19	运动员的专业理论知识	□ 1	□ 2	□ 3	□ 4	□ 5
20	运动员对知识的接收能力	□ 1	□ 2	□ 3	□ 4	□ 5
21	运动员的社会影响力	□ 1	□ 2	□ 3	□ 4	□ 5
22	就业程度	□ 1	□ 2	□ 3	□ 4	□ 5
23	项目的群众参与程度	□ 1	□ 2	□ 3	□ 4	□ 5

附录9　中国优秀女子水球运动员培养影响因素调查问卷内容效度打分表

尊敬的专家老师：

您好！非常感谢您在百忙之中阅读并填写此份内容效度打分表！

学生是成都体育学院2019级博士研究生，现在正在进行中国优秀女子水球运动员培养影响因素初始题项测量量表的内容效度打分，请您拨冗填写此份打分表。您的建议和意见将作为重要的参考依据。

填表说明：

针对每个指标，请依据您的判断对其重要程度进行赋值（非常重要为4分；比较重要为3分；不重要为2分；很不重要为1分）。

专家基本信息：

姓名：　　　　　　职称：　　　　　　职务：

工作单位：　　　　联系电话：　　　　E-mail：

专家赋值表

条目	专家评分 A B C D E F	评分为3分或4分的专家人数	I-CVI	P_c	K^*	评价
1						
2						
3						
4						
5						
6						
7						
8						
9						
10						
11						
12						
13						
14						

续表

条目	专家评分 A B C D E F	评分为3分或4分的专家人数	I-CVI	P_c	K^*	评价
15						
16						
17						
18						
19						
20						
21						
22						
23						

附录10　中国优秀女子水球运动员培养影响因素调查问卷

尊敬的专家老师：

您好！非常感谢您在百忙之中阅读并填写此份调查问卷！

学生是成都体育学院2019级博士研究生，此为中国优秀女子水球运动员培养影响因素调查问卷，请您拨冗填写。您的建议和意见将作为重要的参考依据。

填表说明：

针对每个指标，请依据您的判断对其重要程度进行赋值（非常符合为5分；比较符合为4分；一般为3分；比较不符合为2分；非常不符合为1分）。

专家基本信息：

姓名：　　　　　　　　职称：　　　　　　　　职务：

工作单位：　　　　　　联系电话：　　　　　　E-mail：

专家赋值表

序号	题项描述	非常不符合	比较不符合	一般	比较符合	非常符合
1	运动员的竞技能力	□1	□2	□3	□4	□5
2	遗传因素	□1	□2	□3	□4	□5
3	运动员个人的志向	□1	□2	□3	□4	□5
4	人际关系	□1	□2	□3	□4	□5
5	运动员的参训动机	□1	□2	□3	□4	□5
6	运动损伤程度	□1	□2	□3	□4	□5
7	政策支持力度	□1	□2	□3	□4	□5
8	科技介入训练的力度	□1	□2	□3	□4	□5
9	运动员的频繁流失	□1	□2	□3	□4	□5
10	地区水平的整体竞技水平	□1	□2	□3	□4	□5
11	经费	□1	□2	□3	□4	□5
12	运动员自下而上输送路径的通畅性	□1	□2	□3	□4	□5
13	运动员参赛的价值观	□1	□2	□3	□4	□5
14	裁判员因素	□1	□2	□3	□4	□5
15	教练员的执教水平	□1	□2	□3	□4	□5
16	水球项目的比赛规则变化	□1	□2	□3	□4	□5
17	运动员实际参与文化教育的时间	□1	□2	□3	□4	□5

续表

序号	题项描述	非常不符合	比较不符合	一般	比较符合	非常符合
18	运动员的学历提升情况	□ 1	□ 2	□ 3	□ 4	□ 5
19	运动员的专业理论知识	□ 1	□ 2	□ 3	□ 4	□ 5
20	运动员对知识的接收能力	□ 1	□ 2	□ 3	□ 4	□ 5
21	运动员的社会影响力	□ 1	□ 2	□ 3	□ 4	□ 5
22	项目的群众参与程度	□ 1	□ 2	□ 3	□ 4	□ 5

致　　谢

　　行文至此，百感交集，落笔为终。成体秋冬时，博士毕业日。回首成体来时路，十六载求学年华梦，尽收此作落尾处。学生才疏学浅，建树低微，然敝帚自珍，此中艰难辛苦，感慨万千。仅以此拙著陋笔，致谢众人之恩。

　　首谢严师栽培恩。博士求学三载，幸得师父栽培。上至学习成绩，下至生活工作，谆谆教诲。师父学识渊博，才华横溢，满腹经纶，为人低调。对学生不吝赐教，传以余写作之要领，授以余修改之方式，调整其术语，合理其结构，突出其特点，清晰其逻辑，精进其辞藻。嘉言教谕之恩，怀瑾握瑜之传，学生感激不尽。

　　次谢成体数位老师十六载对学生之培养。初入成体时，正逢家父辞世，年级主任阚兴赤老师关心备至，学生时至今日仍记忆犹新；田川老师以伯乐赏识千里马之鼓励方式，毅然让学生转至竞技体校练水球，夺取优异运动成绩，学生时至今日心存感激；日语老师丛宁丽老师之严格要求，使学生收获日语知识；陈宇老师以生活中处处细节、态度规矩严格要求学生，让学生受益终生；刘建和教授作为教研室老前辈对学生的鼓励和指点，让学生倍感温暖。

　　终谢一路相伴的家人及友人。学生求学数载，家人任劳任怨，友人陪伴左右，待学生学毕归故里，无忝所生报孝心。

　　陋作亦有结尾，潦草数语，表不完众师之恩。日后必不懈努力，不负所望。